A Vida de Compaixão

A Vida de Compaixão

TENZIN GYATSO
O DÉCIMO QUARTO DALAI-LAMA

Tradução
FERNANDA ABREU

BERTRAND BRASIL

Título original: *The Compassionate Life*

Os versos do *Guia para o modo de vida do bodisatva* foram adaptados da tradução de Stephen Bachelor (Library of Tibetan Works and Archives, 1979). A tradução de *Oito versos para o treinamento da mente* é uma cortesia de John D. Dune.

Capa: Raul Fernandes
Foto da capa: William Yang. Reproduzida por cortesia da FPMT, Austrália.
Fotos dos textos: Ueli Minder
Editoração: DFL

2002
Impresso no Brasil
Printed in Brazil

Cip-Brasil. Catalogação-na-fonte
Sindicato Nacional dos Editores de Livros. RJ

D138v Dalai-Lama, 1935-
A vida de compaixão/Tenzin Gyatso, o Décimo Quarto Dalai-Lama; tradução de Fernanda Abreu. – Rio de Janeiro: Bertrand Brasil, 2002
128p

Tradução de: The compassionate life
ISBN 85-286-0973-1

1. Compaixão – Aspectos psicológicos – Budismo. 2. Vida espiritual (Budismo). I. Título

CDD - 294.35
02-0964 CDU - 294.3.5

EDITORA BERTRAND BRASIL LTDA.
Rua Argentina, 171 – 1º andar – São Cristóvão
20921-380 – Rio de Janeiro – RJ
Tel.: (0xx21) 2585-2070 – Fax: (0xx21) 2585-2087

Atendemos pelo Reembolso Postal.

Sumário

Agradecimento

A WISDSOM PUBLICATIONS reconhece agradecida a generosa ajuda de Richard Gere e da Gere Foundation por patrocinar a publicação deste livro.

Prefácio

EM SUAS NUMEROSAS APARIÇÕES PÚBLICAS, Sua Santidade o Dalai-Lama sempre volta ao assunto da compaixão. A compaixão ou o desejo de pôr fim ao sofrimento do outro é evidentemente uma idéia central para o budista praticante. Mas não é preciso passar muito tempo observando Sua Santidade para perceber que seu compromisso com essa virtude vai muito além da mera obrigação religiosa. Ao seu modo simples, mas inimitável, o Dalai-Lama demonstra um profundo reconhecimento do poder da afeição humana ao abordar os problemas mais urgentes e complexos do mundo.

À primeira vista, a retórica do Dalai-Lama pode parecer quase ingênua, sem relação com a política do mundo real e com as sutilezas do coração humano. No entanto, se examinarmos mais profundamente, fica claro que as palavras de Sua Santidade vêm de uma profunda experiência, baseada em seu treinamento sistemático como monge budista e em suas experiências pessoais como líder político e religioso do povo tibetano. Sua compaixão não é tímida ou vaga; ela é sólida, resoluta e, acima de tudo, sábia. A diferença é que Sua Santidade entende a mente — o poder de nosso pensamento e de nossas emoções em forjar a realidade. Ele vê a relação precisa entre nossa motivação e os resultados obtidos, e sua vida é um exemplo da profundidade desse reconhecimento.

Nós, da Wisdom Publications, esperamos que os ensinamentos que reunimos para elaborar este livro ajudem a levar adiante os objetivos de Sua Santidade em relação à paz mundial, à tolerância religiosa e ao desenvolvimento espiritual, proporcionando ao mesmo tempo ferramentas eficazes para aqueles interessados em cultivar vidas de maior compaixão.

David Kittelstrom
Editor

A Vida de Compaixão

1

Os Benefícios da Compaixão

MINHAS EXPERIÊNCIAS não têm nada de especial, são apenas experiências humanas normais. Entretanto, graças ao meu treinamento budista, aprendi um pouco sobre compaixão e também como desenvolver um bom coração. Essa experiência revelou-se muito útil na minha vida cotidiana. Por exemplo, a região do Tibet, de onde venho, chama-se Amdo, e geralmente os nativos são considerados pessoas de pavio curto. Então, no Tibet, quando alguém perde a paciência, as pessoas muitas vezes consideram isso um sinal de que é originário de Amdo! No entanto, quando comparo meu temperamento de hoje ao que tinha entre meus quinze e vinte anos, vejo uma diferença flagrante. Hoje em dia quase não fico irritado e, mesmo quando isso acontece, a irritação dura pouco. Esse é um dos benefícios maravilhosos da minha própria prática e treinamento — agora estou sempre alegre!

Durante a minha vida, perdi meu país e fui obrigado a tornar-me totalmente dependente da boa vontade das pessoas. Também perdi minha mãe, e a maioria dos meus preceptores e lamas já morreu. É claro que são incidentes trágicos, e fico triste quando penso neles. No entanto, não me sinto soterrado pela tristeza. Rostos velhos, conhecidos, desaparecem, e surgem novos rostos, mas mesmo assim mantenho minha felicidade e minha paz de espírito. Para mim, a capacidade de encarar os acontecimentos com uma perspectiva mais ampla é uma das maravilhas da natureza humana e acredito que esteja enraizada em nossa capacidade de compaixão e bondade para com os outros.

Nossa Natureza Fundamental

Alguns dos meus amigos me disseram que, embora o amor e a compaixão sejam maravilhosos e bons, eles não são realmente relevantes. Nosso mundo, dizem eles, não é um lugar onde tais virtudes tenham muita influência ou poder. Eles alegam que a raiva e o ódio fazem parte da natureza humana a tal ponto que a humanidade será sempre dominada por eles. Não concordo.

Nós, humanos, existimos em nossa forma atual há cerca de cem mil anos. Acredito que durante esse tempo, se a mente humana houvesse sido controlada principalmente pela raiva e pelo ódio, nossa população teria diminuído. Mas hoje em dia, apesar de todas as nossas guerras, vemos que a população humana está maior do que nunca. Isso para mim indica claramente que, embora a raiva e a agressão sem dúvida estejam presentes, o amor e a compaixão predominam no mundo. É por isso que o que chamamos de "notícia" compõe-se em sua maioria de acontecimentos desagradáveis ou trágicos; as atividades de compaixão fazem parte da vida cotidiana a tal ponto que são consideradas naturais e, assim, são em grande parte ignoradas.

Se considerarmos a natureza humana básica, podemos ver que ela é mais gentil do que agressiva. Por exemplo, se examinarmos diversos animais, perceberemos que os animais de temperamento mais pacífico têm uma estrutura corporal correspondente, enquanto os predadores têm uma estrutura corporal que se desenvolveu de acordo com seu temperamento. Comparem o tigre e o cervo: há grandes diferenças em suas estruturas físicas. Quando comparamos nossa estrutura corporal à deles, vemos que nos parecemos mais com os cervos e com os coelhos do que com os tigres. Até nossos dentes se parecem mais com os de um coelho, não é? Não se parecem com os de um tigre. Nossas unhas são outro bom exemplo — não consigo sequer fazer mal a um rato só com um arranhão das minhas unhas. É claro que, por causa da inteligência humana, somos capazes de inventar e usar várias ferramentas, assim como adotar métodos para realizar aquilo que seria difícil de ser conseguido sem eles. No entanto, por causa de nossa situação física, pertencemos à categoria dos animais gentis.

Afinal, somos animais sociais. Sem a amizade humana, sem o sorriso humano, nossas vidas se tornam infelizes. A solidão torna-se insuportável. Essa interdependência humana é uma lei natural, ou seja, de acordo com a lei natural, dependemos dos outros para viver. Se em determinadas circunstâncias, porque algo não vai bem dentro de nós, nossa atitude se torna hostil em relação aos seres humanos, nossos semelhantes, dos quais dependemos, como podemos esperar alcançar a paz de espírito ou uma vida feliz? Segundo a natureza humana básica, ou lei natural, a interdependência — dar e receber afeição — é a chave para a felicidade.

Esse fato pode se tornar mais evidente se refletirmos sobre o padrão básico de nossa existência. De modo a fazer mais do que apenas sobreviver, precisamos de abrigo, de comida, de parceiros, de amigos, da estima dos outros, de recursos e assim por diante; não podemos obter essas coisas sozinhos, mas dependemos todos dos outros. Suponhamos que uma única pessoa fosse viver sozinha em um lugar distante e desabitado. Por mais forte, saudável ou educada que fosse, não haveria nenhuma possibilidade de ela ter uma existência feliz e gratificante. Se, por exemplo, uma pessoa estiver vivendo em algum lugar remoto da selva africana e for o único ser humano em uma reserva de animais, devido à inteligência e perspicácia dessa pessoa, o melhor que poderá fazer será tornar-se, talvez, rei da selva. Essa pessoa poderá ter amigos? Poderá conquistar renome? Poderá se tornar um herói, se desejar? Penso que a resposta para todas essas perguntas seja definitivamente não, pois todos esses fatores só existem em relação a outros seres humanos semelhantes.

Quando você é jovem, saudável e forte, algumas vezes pode ter a sensação de que é totalmente independente e não precisa de mais ninguém. Mas isso é uma ilusão. Mesmo na flor da idade, pelo simples fato de ser humano, você precisa de amigos, não precisa? Isso é particularmente verdadeiro quando ficamos velhos. Por exemplo, no meu caso pessoal, o Dalai-Lama, agora na casa dos sessenta anos, começa a dar vários sinais de que a velhice está chegando. Posso ver mais cabelos brancos surgirem na minha cabeça e também estou começando a ter problemas nos joelhos algumas vezes quando me levanto ou me sento. Conforme ficamos velhos, precisamos cada vez mais da ajuda dos outros: é essa a natureza de nossas vidas como seres humanos.

Em pelo menos um sentido, podemos dizer que os outros são realmente a principal fonte de todas as nossas experiências de alegria, felicidade e prosperidade, não apenas no que diz respeito ao nosso trato cotidiano com outras pessoas. Podemos ver que todas as experiências desejáveis que valorizamos ou às quais aspiramos dependem da cooperação e da interação com os outros. É um fato óbvio. Do mesmo modo, do ponto de vista de um praticante do budismo, muitos dos altos níveis de realização que você pode alcançar e do progresso que faz em sua jornada espiritual dependem da cooperação e da interação com os outros. Além disso, no estágio da iluminação completa, as atividades de compaixão de um buda só podem surgir espontaneamente em relação a outros seres, por serem os receptores e beneficiários dessas atividades iluminadas.

Mesmo de um ponto de vista totalmente egoísta — querer apenas nossa própria felicidade, conforto e satisfação na vida, sem consideração pelo bem-estar dos outros — ainda argumentaria que a realização de nossas aspirações depende da existência dos outros. Mesmo para cometer ações prejudiciais dependemos da existência dos outros. Por exemplo, para poder trapacear, você precisa de alguém que seja o objeto de sua ação.

Todos os eventos e incidentes da vida estão tão intimamente ligados ao destino dos outros que uma única pessoa sozinha não pode sequer começar a agir. Muitas atividades humanas comuns, tanto positivas quanto negativas, não podem ser concebidas separadamente da existência de outras pessoas. Por causa dos outros, temos a oportunidade de ganhar dinheiro, se é isso que desejamos da vida. Do mesmo modo, apoiando-se na existência dos outros, a mídia torna-se capaz de criar fama ou desgraça para alguém. Sozinho, é impossível criar qualquer fama ou desgraça, por mais alto que você grite. O máximo que conseguirá fazer é criar um eco de sua própria voz.

Assim, a interdependência é uma lei fundamental da natureza. Não apenas as formas de vida mais avançadas, mas também muitos dos insetos mais diminutos são seres sociais que, sem nenhuma religião, lei ou educação, sobrevivem graças à cooperação mútua baseada em um reconhecimento inato da relação existente entre eles. O nível mais sutil de fenômenos materiais também é governado pela interdependência. Todos os fenômenos, desde o planeta onde vivemos até os oceanos, nuvens, florestas e flores que nos cercam, surgem dependentes de padrões sutis de energia. Sem sua interação adequada, eles se dissolvem e se deterioram.

Nossa Necessidade de Amor

Uma grande pergunta permeia nossa experiência, quer pensemos nela de forma consciente ou não: qual o sentido da vida? Acredito que o sentido de nossa vida seja ser feliz. Desde o instante em que nasce, todo ser humano quer a felicidade e não o sofrimento. Nem o condicionamento social, nem a educação, nem a ideologia afetam isso. No âmago de nosso ser, simplesmente desejamos o contentamento. Não sei se o universo, com suas incontáveis galáxias, estrelas e planetas, tem ou não um significado maior, mas pelo menos está claro que nós humanos, que vivemos nesta Terra, temos a tarefa de criar uma vida feliz para nós mesmos.

Não somos como os objetos feitos por máquinas. Somos mais do que simplesmente matéria; temos sentimentos e experiências. Se fôssemos entidades meramente mecânicas, então as próprias máquinas poderiam aliviar todo o nosso sofrimento e realizar todos os nossos desejos. Mas o conforto material por si só não basta. Nenhum objeto material, por mais belo ou valioso, é capaz de fazer com que nos sintamos amados. Precisamos de algo mais profundo, ao qual geralmente me refiro como afeição humana. Com a afeição humana, ou compaixão, todas as vantagens materiais que temos à nossa disposição podem ser muito construtivas e produzir bons resultados. Sem a afeição humana, no entanto, as vantagens materiais sozinhas não vão nos satisfazer, nem tampouco produzirão em nós qualquer tipo de paz ou felicidade mental. Na verdade, vantagens materiais sem afeição humana podem até criar problemas adicionais. Então, quando consideramos nossas origens e nossa natureza, descobrimos que ninguém nasce livre da necessidade de amor. E, embora algumas escolas de pensamento procurem fazer isso, os seres humanos não podem ser definidos como apenas físicos.

Em última instância, a razão pela qual o amor e a compaixão trazem a maior felicidade é simplesmente que nossa natureza os valoriza mais do que tudo. Por mais capaz e habilidoso que seja um indivíduo, caso seja deixado sozinho, não sobreviverá. Por mais vigorosos e independentes que nos sintamos durante os períodos mais prósperos de nossas vidas, quando ficamos doentes ou quando somos muito jovens ou muito velhos, dependemos do apoio de outras pessoas. Vamos observar mais de perto as maneiras como a afeição e a compaixão nos ajudam em nossas vidas.

Nossas crenças podem divergir quando se trata de questões relativas à criação e à evolução de nosso universo, mas podemos pelo menos concordar que cada um de nós é produto de nossos próprios pais. Em geral, nossa concepção aconteceu não apenas no contexto do desejo sexual, mas também devido à decisão de nossos pais terem um filho. Tais decisões se baseiam em responsabilidade e em altruísmo — no compromisso compassivo dos pais de cuidar daquele filho até ele ser capaz de cuidar de si mesmo. Assim, desde o instante de nossa concepção, o amor de nossos pais está diretamente envolvido em nossa criação.

Ao me encontrar com alguns cientistas, especialmente os que trabalham na área da neurobiologia, aprendi que há fortes indícios científicos de que, mesmo durante a gravidez, o estado de espírito da mãe, seja ele calmo ou agitado, tem grande efeito sobre o bem-estar físico e mental da criança que está para nascer. Parece vital para a mãe manter um estado de espírito calmo e relaxado. Depois do nascimento, as primeiras semanas são as mais cruciais para o desenvolvimento saudável da criança. Durante esse período, segundo me disseram, um dos fatores mais importantes para garantir um crescimento rápido e saudável do cérebro do bebê é o toque físico constante da mãe. Se a criança for deixada sozinha e sem cuidados durante essa fase crítica, embora os efeitos em seu bem-estar mental possam não ser imediatamente óbvios, os danos físicos que podem ser causados por esse fato ficarão bastante visíveis mais tarde.

A importância central do amor e do carinho continua ao longo da infância. Quando uma criança vê alguém com um comportamento aberto e carinhoso, alguém que sorria ou que tenha uma expressão de amor e carinho, ela se sente naturalmente feliz e protegida. Por outro lado, se alguém tentar machucar a criança, ela será dominada pelo medo, o que trará conseqüências prejudiciais para o seu desenvolvimento. Hoje em dia, muitas crianças crescem em lares infelizes. Se não receberem afeição adequada, mais tarde na vida raramente amarão seus pais e, muitas vezes, terão dificuldade para amar outras pessoas. Isso, claro, é muito triste.

À medida que as crianças crescem e entram para a escola, sua necessidade de apoio deve ser suprida por seus professores. Se um professor não transmite apenas conhecimento acadêmico, mas também assume a responsabilidade de preparar os alunos para a vida, seus alunos sentirão confiança e respeito, e aquilo que foi ensinado deixará uma impressão indelével em suas mentes. Por outro lado, matérias ensinadas por um professor que não demonstra uma verdadeira preocupação com o bem-estar geral de seus alunos serão consideradas temporárias e não serão lembradas por muito tempo.

Da mesma maneira, se alguém está doente e recebe tratamento em um hospital de um médico que manifesta sentimento de calor humano, a pessoa se sente tranqüila, e o desejo do médico de dispensar o melhor tratamento possível por si só já é curativo, independentemente de seu grau de conhecimento técnico. Por sua vez, se o médico de alguém não tiver sentimento humano e exibir uma expressão pouco amistosa, demonstrar impaciência ou um descaso casual, a pessoa se sentirá ansiosa, mesmo que esteja diante do mais qualificado dos médicos, que sua doença tenha sido corretamente diagnosticada e que os remédios certos tenham sido receitados. Inevitavelmente, os sentimentos de um paciente fazem diferença para a qualidade e a perfeição de sua recuperação.

Mesmo em conversas normais na vida cotidiana, quando alguém fala com sentimento humano, gostamos de ouvir e respondemos da mesma maneira; toda a conversa se torna interessante, por mais insignificante que seja o seu assunto. Por outro lado, se uma pessoa fala de maneira fria ou ríspida, ficamos pouco à vontade e desejamos terminar logo a interação. Do acontecimento menos importante ao mais importante, a afeição e o respeito dos outros são vitais para a nossa felicidade.

Recentemente, encontrei outro grupo de cientistas nos Estados Unidos que disseram que a taxa de doenças mentais no seu país era bastante alta, cerca de doze por cento da população. Durante nossa conversa, ficou claro que a depressão não era causada por uma falta de bens materiais, mas mais provavelmente por uma dificuldade de dar e receber afeição.

Assim, como você pode ver em todos esses exemplos, desde o dia em que nascemos a necessidade de afeição humana está em nosso sangue, quer estejamos conscientes disso ou não. Mesmo que a afeição venha de um animal ou de alguém que normalmente consideraríamos um inimigo, tanto crianças quando adultos vão naturalmente gravitar em sua direção.

A Fonte Fundamental do Sucesso

Como seres humanos, temos o potencial para sermos pessoas felizes e compassivas e também para sermos infelizes e prejudiciais para os outros. O potencial para todas essas coisas está sempre presente em nós. Se quisermos ser felizes, então o importante é tentar estimular os aspectos positivos e úteis em cada um de nós e tentar reduzir os aspectos negativos. Fazer coisas negativas, como roubar e mentir, pode às vezes parecer proporcionar um tipo de satisfação a curto prazo, mas a longo prazo elas sempre nos trarão tristeza. Ações positivas sempre nos trarão força interior. Com força interior, temos menos medo e mais auto-estima, e torna-se muito mais fácil estender nossos sentimentos de afeição aos outros sem barreiras, sejam elas religiosas, culturais ou de qualquer outro tipo. Assim, é muito importante reconhecer nosso potencial tanto para o bem quanto para o mal e em seguida observá-lo e analisá-lo cuidadosamente.

Isso é o que chamo de promoção do valor humano. Minha principal preocupação é sempre como promover uma compreensão do valor humano mais profundo. Esse valor humano mais profundo é a compaixão, o sentimento de afeição e o compromisso. Não importa qual seja sua religião, ou se você é crente ou não, sem eles não consegue ser feliz.

Vamos examinar a utilidade da compaixão e de um bom coração na vida cotidiana. Se estivermos de bom humor ao acordar, se houver um sentimento generoso dentro de nós, automaticamente nossa porta interior está aberta para aquele dia. Mesmo que encontremos uma pessoa desagradável, não ficaremos muito perturbados e poderemos até conseguir dizer algo simpático para essa pessoa. Poderemos conversar com ela, ainda que não seja tão agradável e talvez até ter uma conversa significativa. Quando criamos uma atmosfera agradável e positiva, isso automaticamente ajuda a reduzir o medo e a insegurança. Desse modo podemos fazer mais amigos e criar mais sorrisos com facilidade.

Mas no dia em que nosso humor estiver menos positivo e nos sentindo irritados, automaticamente nossa porta interior se fecha. O resultado disso é que, mesmo que encontremos nosso melhor amigo, sentimo-nos pouco à vontade e tensos. Esses exemplos mostram como nossa atitude interior faz muita diferença em nossas experiências diárias. Para criar uma atmosfera agradável dentro de nós mesmos, dentro de nossas famílias, dentro de nossas comunidades, precisamos nos dar conta de que a fonte fundamental dessa atmosfera está dentro do indivíduo, de cada um de nós — bom coração, compaixão humana e amor.

A compaixão não tem apenas benefícios mentais, contribui também para a saúde física. Segundo a medicina contemporânea, assim como em minha experiência pessoal, a estabilidade mental e o bem-estar físico estão diretamente relacionados. Não há dúvida de que a raiva e a agitação nos tornam mais suscetíveis à doença. Por outro lado, se a mente estiver tranqüila e ocupada com pensamentos positivos, o corpo não sucumbirá à doença com facilidade. Isso mostra que o corpo físico em si aprecia e reage à afeição humana, à paz de espírito humana.

Outra coisa que me parece bastante clara é que, no instante em que você pensa apenas em si mesmo, o foco de toda a sua realidade se restringe, e por causa desse foco mais restrito coisas desagradáveis podem parecer enormes e causar-lhe medo, desconforto e uma sensação de estar soterrado pela tristeza. Entretanto, no instante em que você pensa nos outros com um sentimento de afeição, sua visão se amplia. Nessa perspectiva mais ampla, seus próprios problemas parecem ter pouco significado, e isso faz uma grande diferença.

Se você tiver um sentimento de afeição em relação aos outros, vai manifestar uma espécie de força interior apesar de suas próprias dificuldades e problemas. Com essa força, seus próprios problemas parecerão menos importantes e incômodos para você. Ao ir além de seus próprios problemas e cuidar dos outros, você ganha força interior, auto-estima, coragem e uma maior sensação de calma. Esse é um exemplo claro de como o modo de pensar realmente pode fazer diferença.

A realização dos interesses próprios e desejos de alguém é um subproduto de um verdadeiro trabalho em prol de outros seres sencientes, ou seja, que sentem. Como assinala o renomado mestre do século XV, Tsongkhapa, em sua obra *Grande exposição do caminho da iluminação*: "Quanto mais o praticante desenvolver atividades e pensamentos que estejam focalizados e dirigidos para a realização do bem-estar dos outros, o preenchimento ou a realização de suas próprias aspirações virá como conseqüência, sem que ele precise fazer um esforço separado." Alguns de vocês podem já ter me ouvido observar, coisa que faço com bastante freqüência, que em certo sentido os bodisatvas, os praticantes compassivos do caminho budista, são pessoas "sabiamente egoístas", enquanto pessoas como nós somos "tolamente egoístas". Pensamos em nós mesmos e não consideramos os outros, e o resultado é que permanecemos infelizes e temos uma vida triste.

Outros benefícios do altruísmo e de um bom coração podem não ser tão evidentes para nós. Um dos objetivos da prática budista é obter um nascimento favorável em nossa próxima vida, objetivo que só pode ser alcançado evitando-se cometer atos que sejam prejudiciais aos outros. Assim, mesmo no contexto de tal objetivo, vemos que o altruísmo e o bom coração estão em sua origem. Também está muito claro que, para um *bodisatva* conseguir alcançar a prática das seis perfeições — generosidade, disciplina ética, tolerância, esforço entusiasta, concentração e sabedoria —, a cooperação e a gentileza em relação a seus semelhantes são extremamente importantes.

Vemos, portanto, que a gentileza e um bom coração formam a base de nosso sucesso nesta vida, de nosso progresso no caminho espiritual e da realização de nossa aspiração fundamental: a obtenção da iluminação completa. Por isso, a compaixão e um bom coração não são apenas importantes no início, mas também no meio e no fim. Sua necessidade e seu valor não se limitam a nenhum momento, lugar, sociedade ou cultura específicos.

Assim, não apenas precisamos de compaixão e afeição humana para sobreviver, mas elas são as fontes fundamentais de sucesso na vida. Maneiras egoístas de pensar não apenas prejudicam os outros como impedem a própria felicidade que desejamos. Chegou a hora de pensar com mais sensatez, não? É nisso que acredito.

2

Desenvolvendo a compaixão

ANTES DE PODERMOS GERAR COMPAIXÃO e amor, é importante compreender claramente o que imaginamos que sejam compaixão e amor. Em termos simples, compaixão e amor podem ser definidos como pensamentos e sentimentos positivos que dão origem a coisas tão essenciais na vida quanto a esperança, a coragem, a determinação e a força interior. Na tradição budista, a compaixão e o amor são vistos como dois aspectos da mesma coisa: compaixão é o desejo de que outro ser se liberte do sofrimento; amor é querer que sejam felizes.

A próxima coisa a ser compreendida é se é possível intensificar a compaixão e o amor. Em outras palavras, haverá uma maneira de aumentar essas qualidades da mente e reduzir a raiva, o ódio e a inveja? Minha resposta a essa pergunta é um enfático "Sim!" Mesmo que você não concorde comigo neste momento, abra-se à possibilidade de tal desenvolvimento. Façamos algumas experiências juntos; talvez então encontremos algumas respostas.

Para começar, é possível dividir qualquer tipo de felicidade e sofrimento em duas categorias principais: mental e física. Das duas, é a categoria mental que exerce a maior influência sobre a maioria de nós. A não ser que estejamos gravemente doentes ou sejamos privados de necessidades básicas, nossa condição física tem um papel secundário na vida. Se o corpo está satisfeito, praticamente o ignoramos. A mente, no entanto, registra cada acontecimento, por menor que seja. Portanto, nossos esforços mais sérios deveriam ser dedicados a alcançar a paz mental em vez do conforto físico.

A Mente Pode Ser Modificada

Baseado em minha própria experiência limitada, estou convencido de que podemos realmente desenvolver nossas mentes por meio do treinamento constante. Nossas atitudes, pensamentos e expectativas positivas podem ser realçados, e seus equivalentes negativos podem ser reduzidos. Até mesmo um único instante de consciência depende de inúmeros fatores, e quando modificamos esses diversos fatores a mente também se modifica. Essa é uma verdade simples a respeito da natureza da mente.

Aquilo que chamamos de “mente” é algo bastante peculiar. Algumas vezes ela é muito teimosa e muito resistente a mudanças. No entanto, com esforço contínuo e com uma convicção baseada na razão, nossas mentes algumas vezes são bastante honestas e flexíveis. Quando reconhecemos realmente a necessidade de mudança, então nossas mentes podem mudar. Desejar e rezar por si sós não vão transformar sua mente; você também precisa de razão — razão que em última análise está baseada em sua própria experiência. E não vai conseguir transformar sua mente da noite para o dia; velhos hábitos, especialmente hábitos mentais, resistem a soluções rápidas. No entanto, com um esforço duradouro e uma convicção baseada na razão, você pode, sem dúvida, realizar mudanças profundas em suas atitudes mentais.

Como base para a mudança, precisamos reconhecer que, enquanto vivermos neste mundo, encontraremos problemas, coisas que impedem a realização de nossos objetivos. Se, quando essas coisas acontecerem, perdermos as esperanças e desanimarmos, diminuiremos nossa capacidade de enfrentar essas dificuldades. Se, por outro lado, lembrarmos que não apenas nós, mas todo mundo precisa passar por sofrimento, essa perspectiva mais realista aumentará nossa determinação e nossa capacidade de superar problemas. Ao lembrarmos do sofrimento dos outros, ao sentir compaixão pelos outros, nosso próprio sofrimento torna-se suportável. De fato, com essa atitude, cada novo obstáculo pode ser visto como mais uma valiosa oportunidade de melhorar nossa mente, mais uma oportunidade de aprofundar nossa compaixão! Com cada experiência nova, podemos gradualmente nos esforçar para nos tornarmos mais compassivos, ou seja, podemos desenvolver tanto uma empatia genuína pelo sofrimento dos outros quanto uma vontade de ajudar a eliminar sua dor. O resultado disso é que nossa própria serenidade e força interior vão aumentar.

Como Desenvolver a Compaixão

O egoísmo inibe nosso amor pelos outros, e todos somos afligidos por ele em maior ou menor grau. Para que a verdadeira felicidade possa acontecer, precisamos de uma mente calma, e essa paz de espírito só é proporcionada por uma atitude compassiva. Como podemos desenvolver essa atitude? É óbvio que não basta simplesmente acreditarmos que a compaixão é importante e pensarmos em como ela é boa! Precisamos fazer um esforço consciente para desenvolvê-la; devemos usar todos os acontecimentos de nossa vida cotidiana para transformar nossos pensamentos e comportamentos.

Em primeiro lugar, precisamos ter certeza do que queremos dizer com *compaixão*. Muitas formas de sentimento compassivo estão misturadas com o desejo e com o apego. Por exemplo, o amor que os pais sentem por seus filhos muitas vezes está fortemente associado a suas próprias necessidades emocionais, não sendo, portanto, inteiramente compassivo. Em geral, quando ficamos preocupados com um amigo íntimo, chamamos isso de compaixão, mas muitas vezes se trata de apego. Mesmo no casamento, o amor entre marido e mulher — em especial no início, quando os parceiros ainda não podem conhecer muito bem o caráter profundo do outro — depende mais do apego do que do amor genuíno. Acontecem casamentos que duram pouco porque geralmente lhes falta compaixão, uma vez que são produzidos por apego emocional baseado em projeção e expectativa; assim que as projeções mudam, o apego desaparece. Nosso desejo pode ser tão forte que a pessoa a quem somos apegados parece perfeita, quando na verdade ela tem muitos defeitos. Além disso, o apego nos faz exagerar qualidades pequenas, positivas. Quando isso acontece, indica que nosso amor é motivado mais por necessidade pessoal do que por uma afeição genuína por outra pessoa.

A compaixão sem apego é possível. Assim, precisamos esclarecer as distinções entre compaixão e apego. A verdadeira compaixão não é apenas uma resposta emocional, mas um comprometimento sério baseado na razão. Por causa dessa base firme, uma atitude verdadeiramente compassiva em relação aos outros não muda, mesmo que se comportem de forma negativa. A compaixão genuína não está baseada em nossas próprias projeções e expectativas, mas sim nas necessidades do outro: independentemente de a outra pessoa ser um amigo querido ou um inimigo, contanto que essa pessoa deseje paz e felicidade e deseje superar o sofrimento, então com base nisso desenvolvemos uma preocupação genuína em relação ao seu problema. Isso é a compaixão genuína. Para o budista praticante, o objetivo é desenvolver essa compaixão genuína, esse desejo genuíno pelo bem-estar do outro, na verdade de qualquer outro ser vivo no universo. É claro que desenvolver esse tipo de compaixão não é nada fácil! Vamos refletir mais sobre esse ponto.

Não importa que as pessoas sejam belas ou feias, simpáticas ou cruéis, em última instância são seres humanos, iguais a nós. Como nós, elas querem a felicidade e não querem o sofrimento. Além disso, seu direito de superar o sofrimento e de ser feliz é igual ao nosso. Quando você reconhece que todos os seres são iguais tanto em seu desejo de felicidade quando em seu direito de obtê-la, automaticamente sente empatia e proximidade em relação a eles. Ao habituar sua mente a esse sentimento de altruísmo universal, você desenvolve uma sensação de responsabilidade pelos outros; deseja ajudá-los ativamente a superar seus problemas. Esse desejo não é seletivo, aplica-se de maneira idêntica a todos os seres. Contanto que sintam prazer e dor como você, não há nenhum motivo lógico para fazer qualquer distinção entre eles ou para alterar sua preocupação em relação a eles, caso se comportem de maneira negativa.

Uma coisa que deveria dizer aqui é que algumas pessoas, especialmente aquelas que se consideram muito realistas e práticas, são algumas vezes realistas *demais* e obcecadas pela praticidade. Elas podem pensar: "A idéia de desejar a felicidade de todos os seres, de querer o melhor para cada um deles, é irrealista e idealista demais. Uma idéia irrealista assim não pode contribuir de maneira nenhuma para transformar a mente ou para alcançar algum tipo de disciplina mental, porque é completamente inatingível."

Uma abordagem mais eficaz, podem pensar essas pessoas, seria começar com um círculo íntimo de pessoas com quem se tenha uma interação direta. Mais tarde, pode-se expandir e aumentar os limites desse círculo. Elas sentem que é simplesmente inútil pensar em todos os seres, uma vez que seu número é infinito. Podem se imaginar capazes de sentir algum tipo de conexão com alguns seres humanos semelhantes no planeta, mas sentem que o número infinito de seres no universo nada tem a ver com sua própria experiência como indivíduos. Elas podem perguntar: "De que serve tentar cultivar a mente buscando incluir em sua esfera todos os seres vivos?"

Em outros contextos, essa pode ser uma objeção válida. Aqui, no entanto, o que é importante é compreender o impacto de cultivar tais sentimentos altruístas. A finalidade é tentar desenvolver o alcance de nossa empatia, de modo a podermos estendê-la a qualquer forma de vida com capacidade de sentir dor e experimentar felicidade. Trata-se de reconhecer os organismos vivos como sencientes e, portanto, sujeitos à dor e capazes de felicidade.

Um sentimento de compaixão universal assim é muito poderoso e não há necessidade de ser capaz de se identificar em termos específicos com cada ser vivo para que ele seja eficaz. Sob esse aspecto, isso é semelhante a reconhecer a natureza universal da impermanência: quando cultivamos a noção de que todas as coisas e todos os acontecimentos são impermanentes, não precisamos considerar individualmente cada uma das coisas que existe no universo de modo a nos convencer de sua existência. Não é assim que a mente funciona. É importante prestar atenção nisso.

Com paciência e tempo, temos o poder de desenvolver esse tipo de compaixão universal. É claro que nosso egoísmo, nosso apego característico a um sólido "eu", opera de maneira significativa para inibir nossa compaixão. De fato, a verdadeira compaixão só pode ser vivenciada quando esse tipo de autodefinição for eliminado. Mas isso não significa que não possamos começar a cultivar a compaixão e a progredir imediatamente.

Como Podemos Começar

Devemos começar removendo os maiores obstáculos à compaixão: a raiva e o ódio. Como todos sabemos, essas emoções extremamente poderosas podem sufocar nossas mentes. Mesmo assim, apesar de seu poder, a raiva e o ódio podem ser controlados. Se não as controlarmos, essas emoções negativas nos dominarão — sem que precisem fazer nenhum esforço especial! — e impedirão nossa busca pela felicidade de uma mente cheia de amor.

Você pode não achar que a raiva seja um impedimento; portanto, para começar, é útil perguntar-se qual o valor da raiva. Algumas vezes, quando ficamos desanimados diante de uma situação difícil, a raiva parece útil, parece trazer consigo mais energia, mais confiança e determinação. No entanto, nesses momentos, devemos examinar cuidadosamente nosso estado mental. Embora seja verdade que a raiva produz mais energia, se explorarmos a natureza dessa energia descobriremos que ela é cega: não podemos ter certeza se os resultados serão positivos ou negativos. Isso acontece porque a raiva esconde a melhor parte do nosso cérebro: sua racionalidade. Assim, é quase sempre impossível confiar na energia da raiva. Ela pode causar uma enorme quantidade de comportamentos destrutivos, desastrosos. Além disso, se a raiva chegar a seu extremo, poderemos nos tornar pessoas loucas e agir de maneira tão prejudicial para nós mesmos quanto para os outros.

No entanto, é possível desenvolver uma energia igualmente poderosa, mas muito mais controlada, para lidar com situações difíceis. Essa energia controlada não vem apenas de uma atitude compassiva, mas também da razão e da paciência. São esses os antídotos mais poderosos para a raiva. Infelizmente, muitas pessoas vêem equivocadamente a razão e a paciência como sinais de fraqueza. Acredito que a verdade seja o contrário: que elas sejam os verdadeiros sinais de força interior. A compaixão, por natureza, é gentil, pacífica e suave, mas também muito poderosa. Ela nos dá força interior e nos permite sermos pacientes. Aqueles que perdem a paciência com facilidade são inseguros e instáveis. Assim, para mim, a demonstração de raiva é geralmente um sinal direto de fraqueza.

Portanto, quando um problema surgir, tente permanecer humilde e manter uma atitude sincera, preocupando-se com a justiça do desfecho. É claro que outras pessoas poderão tentar tirar vantagem de sua preocupação com a justiça. Se a sua atitude imparcial só fizer encorajar agressões injustas, adote uma posição firme. No entanto, isso deverá ser feito com compaixão, e, se tiver que expressar seus pontos de vista e tomar medidas fortes, faça-o sem raiva nem más intenções.

Você deve perceber que, embora seus oponentes pareçam estar prejudicando-o, no final sua atitude destrutiva só prejudicará a eles mesmos. Para reprimir seu próprio impulso egoísta de retaliar, você deve se lembrar de seu desejo de praticar a compaixão e assumir a responsabilidade de ajudar a evitar que a outra pessoa sofra as conseqüências de seus atos. Se as medidas que empregar forem escolhidas com calma, serão mais eficazes, mais exatas e mais poderosas. Uma retaliação baseada na energia cega da raiva raramente acerta o alvo.

Amigos e Inimigos

Devo assinalar mais uma vez que simplesmente pensar que a compaixão, a razão e a paciência são boas não será suficiente para desenvolvê-las. Devemos esperar que surjam dificuldades e então tentar praticá-las. E quem cria essas oportunidades? Não os nossos amigos, é claro, mas os nossos inimigos. São eles que nos dão mais trabalho. Então, se realmente quisermos aprender, deveremos considerar nossos inimigos os nossos maiores professores! Para alguém que valorize a compaixão e o amor, a prática da paciência é essencial, e para isso os inimigos são indispensáveis. Assim, deveríamos ser gratos a nossos inimigos, pois são eles quem mais podem nos ajudar a desenvolver uma mente tranqüila! Além disso, tanto na vida pessoal quando na vida pública, muitas vezes uma mudança de circunstâncias transforma inimigos em amigos.

É claro que todos queremos amigos, o que é natural e correto. Mas essa amizade é produzida por brigas e raiva, por inveja e por uma competitividade intensa? Não penso assim. A melhor maneira de fazer amigos é ser muito compassivo! Só a afeição nos traz verdadeiros amigos íntimos. Você deve tomar muito cuidado com os outros, preocupar-se com seu bem-estar, ajudá-los, servi-los, fazer mais amigos, criar mais sorrisos. O resultado? Quando for você a precisar de ajuda, encontrará muitos ajudantes! Se, por outro lado, você negligenciar a felicidade dos outros, a longo prazo será você o perdedor.

Na sociedade materialista de hoje em dia, se você tem dinheiro e poder, pode parecer que tem muitos amigos. Mas eles não são seus amigos; são amigos do seu dinheiro e do seu poder. Quando você perde sua riqueza e sua influência, descobrirá que é muito difícil encontrar essas pessoas.

O problema é que, quando as coisas no mundo correm bem para nós, tornamo-nos confiantes de que podemos cuidar de tudo sozinhos e sentimos que não precisamos de amigos, mas, à medida que nosso *status* ou nossa saúde declina, rapidamente percebemos o quanto estávamos errados. Assim, para nos preparar para essa época, para fazer amigos genuínos que nos ajudarão quando surgir a necessidade, devemos cultivar a compaixão!

Embora as pessoas às vezes riam quando digo isso, eu próprio sempre quero mais amigos. Adoro sorrisos. Por causa disso, tenho o problema de saber como fazer mais amigos e como conseguir mais sorrisos, especialmente sorrisos genuínos. Existem outros tipos de sorrisos, como o sorriso sarcástico, o sorriso artificial ou o sorriso diplomático. Muitos sorrisos não produzem nenhum sentimento de satisfação, e algumas vezes podem até criar suspeita ou medo, não é mesmo? Mas um sorriso genuíno realmente nos transmite um sentimento de frescor e é, acredito, exclusivo dos seres humanos. Se forem esses os sorrisos que queremos, então devemos criar as razões para que surjam.

Então, como fazer amigos? Certamente não por meio do ódio e do confronto. É impossível fazer amigos batendo nas pessoas e brigando com elas. Uma amizade genuína só pode surgir por meio de uma cooperação baseada na honestidade e na sinceridade, e isso significa ter uma mente aberta e um coração generoso. Acredito que isso fique óbvio observando nossas próprias interações cotidianas com os outros.

Superando o Inimigo Interior

A raiva e o ódio são nossos verdadeiros inimigos. São as forças que mais precisamos confrontar e derrotar, não "inimigos" temporários que aparecem de forma intermitente durante nossa vida. E a não ser que treinemos nossa mente para reduzir sua força negativa, eles continuarão a nos perturbar e a destruir nossas tentativas de desenvolver uma mente calma.

Para eliminar completamente o potencial destrutivo da raiva e do ódio, precisamos reconhecer que a raiz da raiva está na atitude que valoriza nosso próprio bem-estar e benefício ao mesmo tempo em que ignora o bem-estar dos outros. Essa atitude egoísta está na origem não apenas da raiva, mas de praticamente todos os nossos estados de espírito. É uma atitude iludida, que tem uma percepção equivocada da maneira como as coisas realmente são, e esse equívoco é responsável por todo o sofrimento e a insatisfação que sentimos. Portanto, a primeira tarefa de um praticante da compaixão e de um bom coração é obter uma compreensão da natureza destrutiva desse inimigo interior e de como ela leva de maneira natural e inevitável a conseqüências indesejáveis.

De modo a ver claramente esse processo destrutivo, precisamos nos conscientizar da natureza da mente. Sempre digo às pessoas que a mente é um fenômeno muito complexo. Segundo a filosofia budista, existem muitos tipos de mente, ou consciência, e na meditação budista desenvolvemos uma profunda familiaridade com nossos estados mentais em constante mudança.

Na pesquisa científica, analisamos a matéria em termos das partículas que a constituem. Valorizamos o potencial das várias composições moleculares e químicas e das estruturas atômicas que têm valor benéfico, ao mesmo tempo em que negligenciamos, ou em alguns casos eliminamos deliberadamente, aquelas desprovidas de tais propriedades úteis. Essa abordagem discriminatória levou a alguns resultados fascinantes.

Se prestássemos uma quantidade de atenção semelhante à análise de nossa mente, do mundo da experiência e dos fenômenos mentais, descobriríamos que existem inúmeros estados mentais, diferentes em seu modo de apreensão, em seu objeto, na intensidade de seu compromisso com seu objeto, e assim por diante. Alguns aspectos da mente são úteis e benéficos, então deveríamos identificá-los corretamente e aumentar seu potencial. Como os cientistas, se, ao examiná-los, descobrirmos que determinados estados de espírito são prejudiciais por trazer-nos sofrimento e problemas, então deveremos buscar uma maneira de erradicá-los. Esse realmente é um projeto que vale muito a pena. Na verdade, é a maior preocupação para os praticantes do budismo. É bastante parecido com o abrir o crânio de alguém para fazer experimentos naquelas pequenas células com o objetivo de determinar quais as que nos trazem felicidade e as que causam perturbações. Enquanto esses inimigos interiores permanecerem lá em segurança, o perigo é grande.

Quando abordamos uma técnica como o treinamento budista da mente, devemos compreender e avaliar a complexidade da tarefa que temos diante de nós. As escrituras budistas mencionam oitenta e quatro mil tipos de pensamentos negativos e destrutivos, que têm oitenta e quatro mil abordagens ou antídotos correspondentes. É importante não ter a expectativa pouco realista de que de algum modo, em algum lugar, encontraremos uma única chave mágica que nos ajudará a erradicar todas essas negatividades. Precisaremos aplicar muitos métodos diferentes durante um longo período para obter resultados duradouros. Assim, precisaremos de grande determinação e paciência. É errado esperar que, quando você começar a prática do Darma, ficará iluminado em curto período, talvez em uma semana. Isso é irrealista.

O famoso santo budista Nagarjuna escreveu um lindo texto sobre a necessidade de paciência e de uma noção do tempo necessário para realmente engajar-se em um processo de treinamento mental. Segundo Nagarjuna, se por meio do treinamento e da disciplina mental, por meio da compreensão e de sua aplicação habilidosa, você for capaz de desenvolver dentro de si um sentimento de tranqüilidade e confiança, uma tranqüilidade baseada em uma postura confirmada e definitiva, o tempo necessário para se tornar iluminado não importa. Ao contrário de Nagarjuna, em nossa própria experiência pessoal, o tempo *é* importante. Se estivermos passando por um acontecimento insuportavelmente triste, mesmo por pouco tempo, ficamos impacientes. Queremos sair desse estado o mais rápido possível.

Já que a compaixão e um bom coração se desenvolvem graças a um esforço constante e consciente, é importante primeiro identificar as condições favoráveis que dão origem a nossas próprias qualidades de gentileza e depois identificar as circunstâncias adversas que nos impedem de cultivar esses estados de espírito positivos. Assim, é importante que levemos uma vida de consciência e alerta mental constantes. Nosso domínio da consciência deveria ser tal que, todas as vezes em que uma nova situação surgisse, fôssemos capazes de reconhecer imediatamente se as circunstâncias são favoráveis ou adversas ao desenvolvimento da compaixão e de um bom coração. Ao buscar praticar a compaixão dessa maneira, gradualmente seremos capazes de aliviar os efeitos das forças obstrutivas e de intensificar as condições que favorecem o desenvolvimento da compaixão e de um bom coração.

Como já mencionei, qualquer tipo de felicidade e de sofrimento é em primeiro lugar físico ou mental. Quando a dor chega principalmente na forma de sensações físicas, pode ser aliviada por um estado mental positivo; se seu estado mental estiver calmo, isso pode neutralizar a dor. Uma atitude de aceitação ou de disposição para suportar essa dor física também pode fazer uma grande diferença. Por outro lado, se sua dor for principalmente mental e não física, então é muito difícil obter qualquer alívio do conforto físico. Você pode tentar neutralizar a dor por meio da gratificação sensorial, mas isso nunca funciona por muito tempo e, na verdade, pode piorar sua dor. Portanto, é muito útil e importante concentrar-se no treinamento mental todos os dias, mesmo independentemente de considerações espirituais sobre a hora da morte ou o caminho para a iluminação. Mesmo no caso daqueles que não estão interessados em tais preocupações de longo prazo, vale mais a pena cuidar de nossa mente do que cuidar somente de nosso dinheiro.

É claro que o budismo não se preocupa apenas com o alívio da própria dor, seu objetivo é garantir que todos os seres vivos estejam livres do sofrimento. No entanto, se é tão difícil suportar nossa própria dor, como podemos sequer pensar em assumir a responsabilidade pelo sofrimento de todos os seres? Em sua grande obra, *Guia para o modo de vida do bodisatva*, o mestre indiano do século VIII, Shantideva, diz que existe uma diferença fenomenológica entre a dor que se sente quando se assume a dor de outra pessoa e a dor vinda diretamente da própria dor e sofrimento. Na primeira, há um elemento de desconforto porque você está compartilhando a dor de outra pessoa; no entanto, também há uma certa dose de estabilidade porque, de certo modo, você está aceitando essa dor voluntariamente. Na participação voluntária no sofrimento de outra pessoa há força e uma sensação de confiança. No entanto, no segundo caso, quando você está passando por sua própria dor e sofrimento, há um elemento involuntário e, por causa dessa falta de controle da sua parte, você se sente fraco e completamente subjugado.

Nos ensinamentos budistas sobre altruísmo e compaixão, usam-se determinadas expressões, tais como "Despreze seu próprio bem-estar e valorize o bem-estar dos outros". Instruções desse tipo podem parecer intimidadoras, mas é importante entender essas afirmações sobre a prática de compartilhar voluntariamente a dor e o sofrimento de outra pessoa em seu contexto correto. Fundamentalmente, a base sobre a qual você pode construir uma noção de cuidar dos outros é a capacidade de amar a si mesmo.

O amor por si próprio não nasce de alguma grande dívida que você tenha consigo mesmo. Pelo contrário, a capacidade de amar a si mesmo baseia-se no fato de que todos desejamos naturalmente a felicidade e queremos evitar o sofrimento. E uma vez que você reconhece esse amor em relação a si mesmo, poderá então estendê-lo para outros seres sencientes. Assim, quando encontrar nos ensinamentos afirmações como "Despreze seu próprio bem-estar e valorize o bem-estar dos outros", você deve entendê-los no contexto de treinar-se segundo o ideal da compaixão. Isso é importante para não nos entregarmos a modos auto-referentes de pensar que desprezem o impacto de nossas ações sobre outras pessoas.

Podemos desenvolver a atitude de considerar outros seres sencientes tão preciosos quanto nós reconhecendo o papel de sua gentileza em nossa própria experiência da alegria, da felicidade e do sucesso. Essa deveria ser a nossa primeira consideração. Em seguida, deveríamos ter em mente que, por meio de uma análise, podemos ver que grande parte de nossa tristeza e de nossa dor é o resultado de uma atitude auto-referente que valoriza nosso próprio bem-estar em detrimento dos outros, enquanto grande parte da alegria e da sensação de segurança em nossas vidas vem de pensamentos e emoções que valorizam o bem-estar dos outros. Contrastar essas duas atitudes — valorizar apenas a nós mesmos *versus* valorizar os outros — nos convence da necessidade de considerar precioso o bem-estar dos outros.

Equanimidade

Já que a compaixão genuína é universal e não faz distinções, cultivar a compaixão deve envolver, em primeiro lugar, o cultivo da equanimidade em relação a todos os seres sencientes. Por exemplo, você pode saber que tal pessoa é seu amigo ou seu parente nesta vida, mas o budismo assinala que essa pessoa pode ter sido seu pior inimigo em uma vida passada. Você pode aplicar o mesmo tipo de raciocínio a alguém que considere um inimigo: embora essa pessoa possa se comportar negativamente com você e ser sua inimiga nesta vida, ela pode ter sido seu melhor amigo ou mesmo sua mãe em uma vida passada. Ao refletir sobre a natureza flutuante de nossa relação com os outros e também sobre o potencial que existe em todos os seres sencientes tanto para serem amigos quando inimigos, você pode desenvolver essa serenidade mental ou equanimidade.

A prática de desenvolver a equanimidade envolve uma forma de distanciamento, mas é importante entender o que significa *distanciamento*. Algumas vezes, quando as pessoas ouvem falar na prática budista do distanciamento, pensam que o budismo está pregando a indiferença em relação a todas as coisas, mas não é esse o caso. Manter um certo distanciamento significa reavaliar se o que sentimos pelos outros está baseado em considerações superficiais de distância ou proximidade. Então, baseados nisso, podemos desenvolver uma compaixão que seja realmente universal. O distanciamento não significa indiferença em relação ao mundo ou à vida — significa justamente o contrário. Uma experiência profunda de distanciamento é a base sobre a qual podemos construir uma compaixão genuína que se estenda a todos os demais seres sencientes.

3

Compaixão Global

ACREDITO QUE, em todos os níveis da sociedade — familiar, nacional e internacional —, a chave para um mundo mais feliz e de mais sucesso é o crescimento da compaixão. Não precisamos nos tornar religiosos, nem tampouco precisamos acreditar em uma ideologia específica. Tudo que é preciso é que cada um de nós desenvolva suas boas qualidades humanas. Acredito que cultivar a felicidade individual pode contribuir de maneira profunda e eficiente para a melhoria global de toda a comunidade humana.

Todos compartilhamos uma necessidade idêntica de amor e, com base nessa característica comum, é possível sentir que qualquer pessoa que encontramos, em quaisquer circunstâncias, é um irmão ou irmã. Por mais novo que seja seu rosto e por mais diferentes que sejam suas roupas ou seu comportamento, não há nenhuma divisão importante entre nós e as outras pessoas. É tolo basear-se em diferenças externas porque nossas naturezas básicas são as mesmas.

Os benefícios de transcender essas diferenças superficiais tornam-se claros quando olhamos para a situação global. Em última instância, a humanidade é só uma, e esse pequeno planeta é nossa única casa. Se quisermos proteger essa nossa casa, cada um de nós precisa experimentar um sentimento intenso de altruísmo e compaixão universal. Só esse sentimento pode remover os motivos egoístas que fazem as pessoas enganarem e usarem umas às outras. Se você tiver um coração sincero e aberto, naturalmente sentirá auto-estima e confiança, e não haverá motivo para ter medo dos outros.

A necessidade de uma atmosfera de abertura e cooperação em nível global está se tornando mais urgente. Nessa idade moderna, quando se trata de lidar com situações econômicas, não existem mais fronteiras familiares nem mesmo nacionais. De país a país e de continente a continente, o mundo está interconectado de modo inextrincável. Cada país depende muito dos outros. Para que um país possa desenvolver sua própria economia, é forçado a considerar seriamente as condições econômicas de outros países também. Na verdade, o resultado final da melhoria econômica em outros países é também a melhoria econômica em seu próprio país. Em vista dessas características de nosso mundo moderno, precisamos de uma completa revolução em nosso pensamento e em nossos hábitos. A cada dia torna-se mais claro que um sistema econômico viável deve estar baseado em uma verdadeira noção de responsabilidade universal. Em outras palavras, o que precisamos é de um verdadeiro comprometimento em relação aos princípios da fraternidade universal. Essa parte já está clara, não está? Não se trata apenas de um ideal sagrado, moral ou religioso. Trata-se, isso sim, da realidade de nossa existência humana moderna.

Se refletirmos com profundidade suficiente, fica óbvio que precisamos de mais compaixão e altruísmo em todo lugar. Esse ponto crítico pode ser notado se observarmos o estado atual dos negócios no mundo, seja na área da economia e da saúde modernas, seja nas situações políticas e militares. Além da infinidade de crises sociais e políticas, o mundo também está enfrentando um ciclo cada vez mais intenso de calamidades naturais. Ano após ano, vimos uma mudança radical dos padrões climáticos globais que teve conseqüências graves: chuva demais em alguns países, causando sérias enchentes, falta de precipitação em outros países, resultando em secas devastadoras. Felizmente, a preocupação com a ecologia e com o meio ambiente está crescendo rapidamente por toda parte. Agora estamos começando a compreender que a questão da proteção ambiental é, no final das contas, a questão de nossa própria sobrevivência neste planeta. Como seres humanos, também devemos respeitar os outros membros da família humana, nossos semelhantes: nossos vizinhos, amigos e assim por diante. A compaixão, a gentileza com amor, o altruísmo e um sentimento de fraternidade são as chaves não apenas para o desenvolvimento humano, mas para a sobrevivência planetária.

O sucesso ou o fracasso da humanidade no futuro depende em primeiro lugar da força de vontade e da determinação da geração atual. Se nós próprios não usarmos nossas faculdades de força de vontade e inteligência, ninguém mais poderá garantir nosso futuro e o da próxima geração. Isso é um fato incontestável. Não podemos colocar a culpa toda nos políticos ou nas pessoas consideradas diretamente responsáveis por diversas situações; nós também, pessoalmente, devemos assumir alguma responsabilidade. E só quando o indivíduo aceita a responsabilidade pessoal é que começa a tomar alguma iniciativa. Apenas gritar e reclamar não é o bastante. Uma mudança genuína deve vir primeiro de dentro do indivíduo e, então, pode tentar fazer contribuições significativas para a humanidade. O altruísmo não é apenas um ideal religioso, é uma exigência indispensável para a humanidade como um todo.

Se olharmos para a história humana, veremos que um bom coração tem sido a chave para alcançar o que o mundo considera grandes conquistas: na área dos direitos humanos, do serviço social, da liberação política e da religião, por exemplo. Um olhar e uma motivação sincera não pertencem exclusivamente à esfera da religião; podem ser gerados por qualquer pessoa simplesmente tendo uma preocupação genuína com os outros, com sua comunidade, com os pobres e necessitados. Em suma, eles surgem quando temos um interesse profundo e quando nos preocupamos com o bem-estar da comunidade em geral, ou seja, com o bem-estar dos outros. As ações que resultam desse tipo de atitude e de motivação entrarão para a história como boas, benéficas e úteis para a humanidade. Hoje, quando lemos sobre tais ações na história, embora esses acontecimentos estejam no passado e se tenham tornado apenas lembranças, ainda nos sentimos felizes e reconfortados por sua causa. Lembramo-nos com profunda admiração que tal ou tal pessoa fez um trabalho importante e nobre. Também podemos ver alguns exemplos dessa grandeza em nossa própria geração.

Por outro lado, nossa história também está cheia de episódios de indivíduos realizando os atos mais destrutivos e prejudiciais possíveis: matando e torturando outras pessoas, levando tristeza e sofrimento inimaginável a inúmeros seres humanos. Esses incidentes podem ser vistos como o reflexo do lado obscuro de nossa herança humana comum. Tais eventos só acontecem quando há ódio, raiva, inveja e ganância sem limites. A história mundial é simplesmente o registro coletivo dos efeitos dos pensamentos negativos e positivos dos seres humanos. Isso está bem claro, penso eu. Ao refletirmos sobre a história, podemos ver que, se quisermos ter um futuro melhor e mais feliz, devemos examinar nosso estado de espírito atual e refletir sobre o modo de vida que esse estado de espírito trará no futuro. Nunca poderemos insistir o bastante no poder de penetração dessas atitudes negativas.

Compaixão e Resolução de Conflitos

Devido à nossa situação global atual, a cooperação é essencial, especialmente em áreas como a economia e a educação. A idéia de que as diferenças internacionais são essenciais foi tornada menos viável pelo movimento em direção a uma Europa Ocidental unificada. Na minha opinião, esse movimento é realmente maravilhoso e chega em boa hora. No entanto, esse trabalho conjunto de várias nações não surgiu por causa da compaixão ou da fé religiosa, mas sim por causa da necessidade. Há uma tendência mundial cada vez mais forte de consciência global. Nas circunstâncias atuais, uma relação mais estreita com os outros tornou-se um elemento essencial de nossa própria sobrevivência. Portanto, o conceito de responsabilidade universal, baseada na compaixão e em uma idéia de fraternidade, é hoje essencial. O mundo está cheio de conflitos — conflitos devidos à ideologia, à religião — até mesmo conflitos dentro de famílias. Todos esses conflitos são baseados em uma pessoa querer uma coisa e outra pessoa querer outra. No entanto, se tentarmos encontrar a causa desses muitos conflitos, descobriremos que na verdade existem muitas fontes e causas diferentes, mesmo dentro de nós.

Entretanto, mesmo antes de entendermos as causas de todos os nossos conflitos, temos o potencial e a habilidade de nos juntarmos em harmonia. Todas as causas são relativas. Embora existam muitas fontes de conflito, ao mesmo tempo existem muitas fontes de unidade e de harmonia. Chegou a hora de dar mais ênfase à unidade. Aqui, mais uma vez, deve haver afeição humana e uma análise paciente baseada na compaixão.

Por exemplo, você pode ter uma opinião ideológica ou religiosa diferente da de outra pessoa. Se você respeitar os desejos do outro e demonstrar uma atitude sinceramente compassiva para com essa pessoa, então não importa se sua idéia não lhe convém; isso é secundário. Contanto que a outra pessoa acredite em sua idéia e tire algum benefício desse ponto de vista, é direito absoluto dele ou dela. Então, devemos respeitar o fato de existirem diferentes pontos de vista. Na área da economia, do mesmo modo, os competidores também devem ter algum lucro, pois também precisam sobreviver. Quando temos uma perspectiva mais ampla baseada na compaixão, penso que as coisas se tornam muito mais fáceis. Mais uma vez, a compaixão é o fator-chave.

Desmilitarização

Sob determinados aspectos, a situação mundial hoje em dia ficou mais tranqüila. A Guerra Fria entre a antiga União Soviética e os Estados Unidos terminou. Em vez de procurar novos inimigos, deveríamos agora pensar e falar seriamente sobre desmilitarização global ou, pelo menos, sobre a idéia de desmilitarização. Sempre digo a meus amigos americanos: "Sua força não vem das armas nucleares, mas das idéias nobres de seus ancestrais sobre liberdade, independência e democracia."

Quando estive nos Estados Unidos em 1991, tive a oportunidade de me encontrar com o ex-presidente George Bush. Na época, conversamos sobre a Nova Ordem Mundial, e eu disse a ele: "Uma Nova Ordem Mundial com compaixão é muito bom. Não tenho tanta certeza sobre uma Nova Ordem Mundial sem compaixão."

Acredito que chegou a hora de pensar e falar sobre desmilitarização. Com o colapso da antiga União Soviética, vimos alguns sinais de redução de armamentos e, pela primeira vez, de desnuclearização. Passo a passo, penso que nosso objetivo deva ser libertar o mundo — nosso pequeno planeta — das armas. Isso não significa, no entanto, que devamos abolir todas as formas de armas. Podemos precisar manter algumas delas, já que há sempre algumas pessoas e grupos malintencionados entre nós. Para nos precavermos e nos protegermos dessas fontes, poderíamos criar um sistema de força policial internacional monitorada que não pertencesse necessariamente a uma nação específica, mas fosse controlada coletivamente e supervisionada, em última instância, por uma organização como as Nações Unidas ou um órgão internacional semelhante. Dessa maneira, sem armas disponíveis para nenhuma nação individual, não haveria perigo de conflito militar entre nações e não haveria guerra civil.

Lamentavelmente, a guerra tem feito parte da história humana até o momento presente, mas penso que chegou a hora de mudar os conceitos que levam à guerra. Alguns consideram a guerra algo glorioso; eles pensam que a guerra pode torná-los heróis. Essa atitude em relação à guerra é muito errada. Recentemente, um entrevistador comentou comigo: "Os ocidentais têm um enorme medo da morte, mas os orientais parecem ter muito pouco medo da morte."

Respondi meio brincando: "Parece-me que, para a mentalidade ocidental, a guerra e a organização militar são extremamente importantes. Guerra significa morte — morte matada, não por causas naturais. Então parece que, na verdade, são vocês que não temem a morte, por gostarem tanto da guerra. Nós orientais, particularmente os tibetanos, não podemos sequer começar a pensar em guerra; não podemos conceber a idéia de lutar, porque o resultado inevitável da guerra é o desastre: morte, ferimentos e tristeza. Portanto, em nossa mentalidade, o conceito da guerra é extremamente negativo. Isso parece significar que na verdade temos mais medo da morte do que vocês. O senhor não acha?"

Infelizmente, devido a determinados fatores, as pessoas insistem em idéias incorretas a respeito da guerra. O perigo dessas idéias para a comunidade mundial está maior do que nunca; portanto, devemos pensar seriamente em desmilitarização. Senti isso com muita intensidade durante e depois da crise no Golfo Pérsico. É claro que todos culparam Saddam Hussein, e não resta dúvida de que Saddam Hussein foi prejudicial — cometeu muitos erros e agiu de maneira errada sob muitos aspectos. Afinal, ele é um ditador, e um ditador é obviamente algo prejudicial. No entanto, sem seu aparato militar, sem suas armas, Saddam Hussein não seria capaz de funcionar como esse tipo de ditador. Quem forneceu essas armas? Os fornecedores também são responsáveis. Algumas nações ocidentais forneceram-lhe armas sem pensar nas conseqüências.

Pensar apenas em dinheiro e em lucrar com a venda de armas é terrível. Certa vez conheci uma francesa que passara muitos anos em Beirute. Ela me contou com grande tristeza que, durante a crise em Beirute, havia pessoas de um lado da cidade lucrando com a venda de armas, e naquele mesmo dia, do outro lado da cidade, outras pessoas — inocentes — estavam sendo mortas com aquelas mesmas armas. Do mesmo modo, em um lado de nosso planeta há pessoas vivendo uma vida luxuosa com os lucros da venda de armas, enquanto pessoas inocentes estão sendo mortas com essas armas sofisticadas do outro lado do planeta. Portanto, o primeiro passo é parar de vender armas. Algumas vezes provoco meus amigos suecos: "Ah, vocês são mesmo maravilhosos. Durante o último período de conflito, permaneceram neutros. E sempre pensam na importância dos direitos humanos e da paz mundial. Muito bem. Mas ao mesmo tempo estão vendendo muitas armas. Isso é um pouco hipócrita, não?"

Na época da crise do Golfo Pérsico, fiz uma promessa interior — um compromisso de que, pelo resto da minha vida, eu contribuiria para propagar a idéia da desmilitarização. No que diz respeito a meu próprio país, cheguei à conclusão de que, no futuro, o Tibet deveria ser uma zona completamente desmilitarizada. Mais uma vez, no trabalho em prol da desmilitarização, o fator chave é a compaixão humana.

4

Pluralismo Religioso

A NÃO SER QUE CONHEÇAMOS o valor de outras tradições religiosas, é difícil desenvolver respeito por elas. O respeito mútuo é a base da verdadeira harmonia. Devemos ansiar por um espírito de harmonia, não por motivos políticos ou econômicos, mas simplesmente por percebermos o valor de outras tradições. Sempre me esforço para promover a harmonia religiosa.

Usar a fé religiosa para promover valores humanos básicos é algo muito positivo. Todas as principais religiões do mundo pregam o amor, a compaixão e o perdão. Cada tradição religiosa promove esses valores de maneira diferente, é claro, mas, já que todas têm mais ou menos os mesmos objetivos — ter uma vida mais feliz, tornar-se uma pessoa mais compassiva e criar um mundo mais compassivo —, seus métodos diferentes não representam um problema insuperável. A conquista fundamental do amor, da compaixão e do perdão é o que importa. Todas as principais religiões do mundo têm o mesmo potencial para ajudar a humanidade. Algumas pessoas têm uma disposição que se adapta à fé religiosa, e por causa da variedade de disposições entre os seres humanos é lógico que precisamos de religiões diferentes. A variedade é benéfica. Gostaria de abordar o tema da harmonia religiosa definindo dois níveis de espiritualidade.

O Primeiro Nível de Espiritualidade: Fé e Tolerância

Para todos os seres humanos em todos os lugares, o primeiro nível de espiritualidade é a fé. Isso é verdade para cada uma das grandes religiões mundiais. Acredito que cada uma dessas religiões tenha seu próprio papel importante, mas, para que possam dar uma contribuição significativa em benefício da humanidade, dois fatores importantes devem ser considerados.

O primeiro desses fatores é que os praticantes individuais das diversas religiões — ou seja, nós mesmos — devemos praticar com sinceridade. Os ensinamentos religiosos devem ser parte integrante de nossas vidas; não devem ser separados de nossas vidas. Às vezes entramos em uma igreja ou templo e fazemos uma prece ou geramos algum tipo de sentimento espiritual, e depois, quando saímos da igreja ou do templo, nada resta desse sentimento religioso. Essa não é a maneira correta de praticar. A mensagem religiosa deve estar conosco onde quer que estejamos. Os ensinamentos de nossa religião devem estar presentes em nossas vidas para que, quando realmente precisarmos de bênçãos ou de força interior, esses ensinamentos e os seus efeitos estejam à nossa disposição. Eles estarão ali quando tivermos dificuldades porque estão constantemente presentes.

A religião só poderá ser realmente eficaz quando integrar-se em nossas vidas. Precisamos conhecer esses ensinamentos não apenas em um nível intelectual, mas também por meio de nossa experiência mais profunda. Algumas vezes compreendemos diversas idéias religiosas em um nível superficial demais ou intelectual. Sem um sentimento mais profundo, a eficácia da religião torna-se limitada. Portanto, devemos praticar com sinceridade e integrar nossa religião a nossas vidas.

O segundo fator trata mais da interação entre as diversas religiões mundiais. Hoje em dia, devido à mudança tecnológica cada vez maior e à natureza da economia mundial, somos mais dependentes do que nunca uns dos outros. Países diferentes, continentes diferentes desenvolveram uma relação mais estreita uns com os outros. Na realidade, a sobrevivência de uma região do mundo depende da sobrevivência das demais. Portanto, o mundo tornou-se muito mais próximo, muito mais interdependente. O resultado disso é que há muito mais interação humana em uma escala maior. Devido a essas circunstâncias, a aceitação do pluralismo entre as religiões mundiais é muito importante. Antigamente, quando as comunidades viviam umas separadas das outras e as religiões surgiam em relativo isolamento, a idéia de que havia apenas uma religião possível era muito útil. Mas agora a situação mudou, e as circunstâncias são inteiramente diferentes. Portanto, agora é crucial aceitar o fato de que religiões diferentes existem e de que, para desenvolver um respeito mútuo genuíno entre elas, o contato estreito entre as diversas religiões é essencial. Esse é o segundo fator que permitirá às religiões do mundo beneficiar a humanidade de forma significativa.

Quando eu morava no Tibet, não tinha contato com pessoas de outras religiões que não o budismo, e assim minha atitude em relação às outras religiões não era muito positiva. Entretanto, quando tive a oportunidade de conhecer pessoas de fé diferente e de aprender com os contatos pessoais e com a experiência, minha atitude em relação às outras religiões mudou. Percebi como as outras religiões são úteis para a humanidade e qual o potencial de cada uma delas para contribuir para um mundo melhor. Nos últimos séculos, as diversas religiões têm dado contribuições maravilhosas para o progresso dos seres humanos, e mesmo hoje há grandes números de seguidores que se beneficiam da cristandade, do islamismo, do judaísmo, do budismo, do hinduísmo e assim por diante.

Para dar um exemplo do valor de encontrar pessoas de fé diferente: meus encontros com o falecido Thomas Merton mostraram-me a pessoa bonita e maravilhosa que ele era e me proporcionaram uma compreensão em primeira mão do potencial espiritual da fé cristã. Em outra ocasião, conheci um monge católico em Montserrat, um dos famosos monastérios espanhóis. Fiquei sabendo que esse monge vivera por muitos anos como eremita em uma colina logo atrás do monastério. Quando visitei o monastério, ele desceu de sua ermida especialmente para me encontrar. Acontece que seu inglês era ainda pior do que o meu, e isso me deu mais coragem para falar com ele! Ficamos frente a frente e perguntei: "Durante esses anos, o que você ficou fazendo naquela colina?"

Ele olhou para mim e respondeu: "Meditando sobre compaixão, sobre amor." Enquanto ele dizia essas poucas palavras, entendi a mensagem através de seus olhos. Realmente desenvolvi uma admiração genuína por essa pessoa e por outros como ele. Essas experiências ajudaram a confirmar em minha mente que todas as religiões do mundo têm o potencial para produzir pessoas boas, apesar de suas diferenças de filosofia e de doutrina. Cada tradição religiosa tem sua própria mensagem maravilhosa a transmitir.

O que quero enfatizar aqui é que, para as pessoas que seguem ensinamentos nos quais a fé básica é em um criador — em Deus —, essa abordagem é muito eficaz para elas. Os cristãos, por exemplo, não acreditam em renascimento e assim não aceitam a crença em vidas passadas ou futuras. Eles só aceitam esta vida. No entanto, acreditam que esta mesma vida seja criada por Deus, e essa idéia causa neles um sentimento de intimidade com Deus e uma dependência em relação a Deus. A conseqüência disso é o ensinamento de que devemos amar nossos semelhantes. O raciocínio é que, se amamos Deus, devemos amar nossos semelhantes porque eles, assim como nós, foram criados por Deus. Seu futuro, assim como o nosso, depende do Criador; portanto, sua situação é igual à nossa. Conseqüentemente, é questionável a fé das pessoas que dizem aos outros para amar a Deus, mas elas próprias não demonstram amor genuíno para com os seres humanos, seus semelhantes. A pessoa que acredita em Deus e no amor por Deus deve demonstrar a sinceridade desse amor dirigindo-o a outros seres humanos, seus semelhantes. Essa abordagem é muito poderosa, não?

Assim, se examinarmos cada religião sob diversos ângulos da mesma maneira — não simplesmente segundo nossa própria posição filosófica, mas segundo vários pontos de vista —, não resta dúvida de que todas as principais religiões têm o potencial para melhorar os seres humanos. Isso é óbvio. Por meio do contato estreito com pessoas de outra fé é possível desenvolver uma atitude tolerante e um respeito mútuo com relação a outras religiões. O contato estreito com diferentes religiões me ajuda a aprender novas idéias, novas práticas e novos métodos ou técnicas que posso incorporar a minha própria prática. Do mesmo modo, alguns dos meus irmãos e irmãs cristãos adotaram determinados métodos budistas — por exemplo, a prática de concentração da mente em um só ponto, assim como técnicas para ajudar a melhorar a tolerância, a compaixão e o amor. Existem grandes benefícios quando os praticantes de diversas religiões se juntam para esse tipo de intercâmbio. Além do desenvolvimento da harmonia entre eles, há outros benefícios também.

Políticos e líderes nacionais falam com freqüência de coexistência e de união. Por que nós, religiosos, não falamos isso também? Penso que chegou a hora. Por exemplo, em Assis, na Itália, em 1987, líderes e representantes de várias religiões mundiais se encontraram para orar juntos, embora eu não tenha certeza de que *oração* seja exatamente a palavra adequada para descrever com exatidão a prática de todas essas religiões. De todo modo, o importante é que os representantes das várias religiões se reúnam em um lugar e, segundo suas próprias crenças, orem. Isso já está acontecendo e é, penso eu, um desenvolvimento muito positivo. Mesmo assim, ainda precisamos nos esforçar mais para desenvolver harmonia e proximidade entre as religiões do mundo, já que sem tal esforço continuaremos a ter os diversos problemas que dividem a humanidade.

Se a religião fosse o único remédio para reduzir o conflito humano, mas esse próprio remédio se tornasse uma outra fonte de conflito, isso seria desastroso. Hoje, como no passado, conflitos ocorrem em nome da religião por causa de diferenças religiosas, e considero isso muito, muito triste. No entanto, se pensarmos de forma aberta e profunda, perceberemos que a situação de ontem era inteiramente diferente da atual. Não somos mais isolados, mas, pelo contrário, interdependentes. Portanto, hoje é muito importante perceber que uma relação estreita entre as religiões é essencial, para que diferentes grupos religiosos possam trabalhar e fazer um esforço conjunto para o benefício da humanidade.

Assim, a sinceridade e a fé nas práticas religiosas, por um lado, e a tolerância e cooperação religiosa, por outro, formam esse primeiro nível do valor da prática espiritual para a humanidade.

O Segundo Nível de Espiritualidade: A Compaixão Como Religião Universal

O segundo nível de espiritualidade é aquele que transcende as diferenças religiosas, o nível da compaixão e da afeição humanas. O segundo nível é mais importante do que o primeiro porque, por mais maravilhosa que seja uma religião, ela ainda só é aceita por um número muito limitado de pessoas. A maioria dos cinco ou seis bilhões de seres humanos em nosso planeta provavelmente não pratica nenhuma religião. De acordo com sua origem familiar, eles podem se identificar como pertencentes a um ou outro grupo religioso — "Sou hindu", "Sou budista", "Sou cristão" —, mas, lá no fundo, a maioria desses indivíduos não é necessariamente praticante de nenhuma fé religiosa. Não há problema nisso; abraçar ou não uma religião é o direito de qualquer pessoa como indivíduo. Nenhum dos grandes mestres antigos como Buda, Mahavira, Jesus Cristo e Maomé conseguiu fazer toda a população humana se interessar pela espiritualidade. A verdade é que ninguém é capaz de fazer isso. Não importa que esses não-crentes sejam chamados de ateus. De fato, segundo alguns estudiosos ocidentais, os budistas também são ateus, já que não aceitam um criador. Assim, algumas vezes acrescento mais uma palavra para descrever esses não-crentes, a palavra *extremos*; chamo-os de não-crentes-extremos. Eles não só não são crentes, como também são extremos em sua visão de que a espiritualidade sob qualquer forma não tem valor. Entretanto, devemos lembrar que essas pessoas também fazem parte da humanidade e que também, como todos os seres humanos, desejam ser felizes — ter uma vida feliz e pacífica. Esse é o ponto importante.

Acredito que não haja problema em permanecer não-crente, mas a partir do momento em que você faz parte da humanidade, a partir do momento em que é um ser humano, você precisa de afeição humana, de compaixão humana. Esse é o ensinamento essencial de todas as tradições religiosas. Sem compaixão humana, até mesmo as crenças religiosas podem se tornar destrutivas. Assim, a prática essencial, seja você uma pessoa religiosa ou não, é um bom coração. Considero a afeição e a compaixão humanas a religião universal. Quer seja crente ou não-crente, todo mundo precisa de afeição e compaixão humanas, porque a compaixão nos dá força interior, esperança e paz mental. Assim, a compaixão é indispensável para todos.

Como mencionei, alguns dos meus irmãos e irmãs cristãos, tanto monges quanto leigos, me disseram estar usando técnicas e métodos budistas para desenvolver sua compaixão e até mesmo sua fé cristã. Sempre digo a meus amigos ocidentais que é melhor tentar manter sua própria tradição. Mudar de religião não é fácil e às vezes causa confusão.

Entretanto, os indivíduos que realmente sentirem que a abordagem budista é mais eficaz e se adapta melhor à sua disposição mental devem considerar a questão com cuidado. Uma vez que esteja inteiramente convencido de que o budismo é certo para você, então está livre para segui-lo. O importante é lembrar o seguinte: às vezes as pessoas desenvolvem uma atitude crítica em relação a sua religião ou tradição anterior de modo a justificar sua mudança de fé. Você deve evitar isso. Sua antiga religião pode não ser mais eficaz para você, mas isso não significa que não seja útil para a humanidade. Por respeito aos pontos de vista e aos direitos das outras pessoas, assim como ao valor de suas tradições, você deve honrar sua antiga religião. É muito importante.

5

Budismo Básico

APESAR DE ACREDITAR que a compaixão e a afeição humanas sejam valores universais que transcendem as fronteiras da diferença religiosa, o significado da compaixão dentro do budismo está baseado em uma visão de mundo específica, com objetivos e métodos. Essa visão de mundo não expõe apenas o que expliquei anteriormente a respeito dos benefícios da compaixão e dos métodos para desenvolvê-la, mas também mostra como o desenvolvimento da compaixão é parte integrante do entendimento budista da realidade e do caminho para a iluminação. Assim, pode ser útil fornecer algumas explicações sobre a filosofia budista.

As Quatro Nobres Verdades e a Causalidade

Os ensinamentos fundamentais de Buda se baseiam nas quatro nobres verdades. Elas são a base do ensinamento budista. As quatro nobres verdades são a verdade do sofrimento, sua origem, a possibilidade da cessação do sofrimento e o caminho que leva a essa cessação. Os ensinamentos das quatro nobres verdades baseiam-se na experiência humana, no centro da qual está a aspiração natural para buscar a felicidade e evitar o sofrimento. A felicidade que desejamos e o sofrimento que afastamos não são aleatórios, mas ocorrem devido a determinadas causas e condições. Entender esse mecanismo causal do sofrimento e da felicidade é o objetivo das quatro nobres verdades.

De modo a entender o mecanismo causal por trás de nosso sofrimento e de nossa felicidade, devemos analisar a causalidade com cuidado. Por exemplo, você pode pensar que suas experiências de dor e sofrimento e felicidade ocorrem sem razão — em outras palavras, que não têm causa. Os ensinamentos budistas dizem que isso não é possível. Talvez você pense que o sofrimento e a felicidade sejam, de alguma maneira, causados por um ser transcendente. Essa possibilidade também é rejeitada no budismo. Talvez você pense que uma substância primeva possa estar na origem de todas as coisas. Os ensinamentos budistas rejeitam essa possibilidade também. Usando razões para eliminar essas possibilidades, o budismo conclui que nossas experiências de sofrimento e felicidade não ocorrem por moto-próprio nem devido a alguma causa de existência independente, nem tampouco são o produto de alguma combinação dessas coisas. Pelo contrário, o ensinamento budista compreende a causalidade em termos do que chama de *originação interdependente*: todas as coisas e acontecimentos, incluindo nossas experiências de sofrimento e felicidade, vêm da reunião de uma multiplicidade de causas e condições.

Entendendo o Papel Primário da Mente

Se examinarmos com cuidado o ensinamento das quatro nobres verdades, descobriremos a importância primordial da consciência, ou da mente, na determinação de nossas experiências de sofrimento e felicidade. O ponto de vista budista é que existem diferentes níveis de sofrimento. Por exemplo, há o sofrimento que é muito óbvio para todos nós, como as experiências dolorosas. Todos podemos reconhecer isso como sofrimento. Um segundo nível de sofrimento inclui o que definimos normalmente como sensações prazerosas. Na realidade, as sensações prazerosas são sofrimento porque carregam dentro de si a semente da insatisfação. Há também um terceiro nível de sofrimento, que na terminologia budista chama-se sofrimento penetrante do condicionamento. Poder-se-ia dizer que esse terceiro nível de sofrimento é o simples fato de nossa existência como seres não-iluminados sujeitos a emoções, pensamentos e ações cármicas negativas. *Carma* significa ação, e é o que nos mantém presos a um ciclo negativo. Estar preso ao carma dessa maneira é o terceiro tipo de sofrimento.

Se você olhar para esses três tipos diferentes de sofrimento, verá que em última instância estão baseados em estados de espírito. Na verdade, estados de espírito indisciplinados são por si só sofrimento. Se olharmos para a origem do sofrimento nos textos budistas, veremos que, embora leiamos sobre carma e sobre a ilusão que motiva a ação cármica, estamos lidando com ações cometidas por um agente. Já que sempre há um motivo por trás de cada ação, o carma também pode ser compreendido fundamentalmente em termos de estado de espírito, um estado de espírito indisciplinado. Da mesma forma, quando falamos sobre ilusões que fazem com que uma pessoa aja de modo negativo, elas também são estados de espírito indisciplinados. Portanto, quando os budistas se referem à verdade da origem do sofrimento, estamos falando sobre um estado de espírito que é indisciplinado e indomado, um estado de espírito que obscurece nossa iluminação e que nos faz sofrer. A origem do sofrimento, a causa do sofrimento e o sofrimento em si, no final das contas, só podem ser entendidos em termos de estado de espírito.

Quando falamos sobre a cessação do sofrimento, estamos falando apenas em relação a um ser vivo, um agente com consciência. Os ensinamentos budistas descrevem a cessação do sofrimento como o estado mais elevado de felicidade. Essa felicidade não deve ser entendida em termos de sensações prazerosas; não estamos falando de felicidade no nível do sentimento ou da sensação. Estamos, isso sim, nos referindo ao nível mais elevado de felicidade: total liberação do sofrimento e da ilusão. Mais uma vez, isso é um estado de espírito, um nível de realização.

Por fim, de modo a compreender nossa experiência de sofrimento e dor, e o caminho que leva à cessação — as quatro nobres verdades —, temos que entender a natureza da mente.

Mente e Nirvana

O processo pelo qual a mente cria o sofrimento no qual vivemos é descrito pelo mestre indiano Chandrakirti em seu *Guia para o caminho do meio*, quando afirma: "Um estado de espírito indisciplinado dá origem a ilusões que levam um indivíduo a ações negativas, que em seguida criam o ambiente negativo no qual a pessoa vive."

Para tentar entender a natureza da ausência de sofrimento que os budistas chamam de *nirvana*, podemos examinar um trecho do célebre *Fundamentos do caminho do meio*, de Nagarjuna, onde ele, de algum modo, equilibra a existência não-iluminada (*samsara*) e a existência iluminada (nirvana). O que Nagarjuna explica é que não devemos pensar que existe uma natureza intrínseca, essencial de nossa existência, seja ela iluminada ou não. Do ponto de vista do vazio, ambas são igualmente desprovidas de qualquer tipo de realidade intrínseca. O que diferencia um estado não-iluminado de um estado iluminado é o conhecimento e a experiência do vazio. O conhecimento e a experiência do vazio do *samsara* por si só é o nirvana. A diferença entre *samsara* e nirvana é um estado de espírito.

Assim, levando isso em conta, é legítimo perguntar: o budismo está sugerindo que tudo nada mais é do que a projeção da nossa mente? Essa é uma questão crítica que suscitou diferentes respostas de professores budistas ao longo da história do budismo. Por um lado, grandes mestres argumentaram que, em última análise, tudo, até nossa experiência do sofrimento e da felicidade, nada mais é do que uma projeção de nossa mente.

Mas existe outra vertente que argumentou com veemência contra essa forma extrema de subjetivismo. Essa segunda vertente afirma que, embora se possa, em certo sentido, entender tudo, até mesmo as próprias experiências como criações da própria mente, isso não significa que tudo esteja apenas na mente. Eles argumentam que é preciso manter um grau de objetividade e acreditar que as coisas de fato existem. Embora essa vertente também afirme que a consciência desempenha um papel na criação de nossa experiência e do mundo, ao mesmo tempo existe um mundo objetivo.

Há outra coisa que penso que se deva entender em relação ao conceito budista de nirvana. Nagabuddhi, um aluno de Nagarjuna, afirma que: "A iluminação ou a liberdade espiritual não é uma dádiva que alguém possa lhe dar, nem tampouco a semente da iluminação é algo que pertença a alguma outra pessoa." O que isso implica é que o potencial para a iluminação existe naturalmente em todos nós. O aluno de Nagarjuna prossegue, perguntando: "O que é o nirvana, o que é a iluminação, o que é a liberdade espiritual?" Em seguida ele responde: "A verdadeira iluminação não é nada até que a natureza do próprio ser seja plenamente realizada." Essa natureza do próprio ser é o que os budistas chamam de luz clara derradeira ou natureza interna radiante da mente. Quando isso estiver plenamente cumprido ou realizado, isso é a iluminação, isso é a verdadeira budeidade.

Podemos ver que, quando falamos de iluminação e nirvana, que são frutos das realizações espirituais de cada um, estamos falando de estado de espírito. Do mesmo modo, quando falamos das ilusões que obstruem nossa realização desse estado iluminado, também estamos falando de estados de espírito — estados de espírito iludidos. Estamos nos referindo em particular às ilusões baseadas em uma maneira distorcida de apreender o próprio ser e o mundo. A única maneira de podermos eliminar esse entendimento errado, essa maneira distorcida de apreender o próprio ser e o mundo, é cultivando uma compreensão da verdadeira natureza da mente.

Em suma, os ensinamentos do Buda identificam, por um lado, um estado de espírito indisciplinado com o sofrimento e, por outro, um estado de espírito disciplinado com a felicidade e a liberdade espiritual. Esse é um ponto essencial.

Pensamento Válido e Inválido

No budismo, *mente* tem um significado amplo que abrange todo o espectro da experiência consciente, incluindo todos os pensamentos e emoções. Um fato natural — suponho que se possa chamá-lo de lei psicológica — de nossa experiência subjetiva é que dois pensamentos ou emoções diretamente opostos não podem coexistir ao mesmo tempo. A partir de nossa experiência cotidiana normal, sabemos que existem pensamentos que podem ser classificados como válidos e inválidos. Por exemplo, se um determinado pensamento corresponde à realidade, ou seja, se existe uma correspondência entre um estado de coisas no mundo e a percepção que temos dele, então se pode chamar isso de pensamento válido ou de experiência válida. Mas também temos pensamentos e emoções completamente contrários à maneira como as coisas se apresentam. Em alguns casos, podem ser formas de exagero, mas em outros podem ser diametralmente opostos à maneira como as coisas realmente são. Esses pensamentos e emoções podem ser chamados de inválidos.

Os textos budistas, especialmente aqueles que lidam com os modos de conhecimento, fazem essa distinção entre pensamentos e emoções válidos e inválidos para discutir a cognição válida e seus resultados. O que queremos dizer é que, para que um empreendimento seja bem-sucedido e leve à realização de um objetivo, são necessários pensamentos e emoções válidos.

Nos textos budistas, o alcance da mais alta liberação espiritual é considerado fruto de pensamentos e emoções válidos. Por exemplo, segundo os ensinamentos budistas, considera-se que o principal fator que dá origem à iluminação é a verdadeira percepção da natureza da realidade. A verdadeira percepção da natureza da realidade é uma maneira válida de conhecer as coisas, tais como a natureza do mundo. A compaixão, o altruísmo e o *bodichita* — o espírito da iluminação — são parte integrante dessa verdadeira percepção da realidade e, assim, baseiam-se em pensamentos válidos. Embora o altruísmo e a compaixão sejam mais emoções do que pensamentos cognitivos, o processo que leva à realização da compaixão universal e do *bodichita* envolve a comparação de verdades e falsidades. Isso é um processo de cultivar maneiras válidas de ver e experimentar as coisas. Portanto, podemos dizer que ser um buda em si é uma conseqüência de pensamentos e emoções válidos. Pelo contrário, podemos ver a experiência não-iluminada (*samsara*) como produto de modos de experiência inválidos.

Por exemplo, segundo o budismo, a raiz fundamental de nossa existência não-iluminada é a ignorância. A principal característica dessa ignorância é uma percepção distorcida do mundo e de nós mesmos. Mais uma vez, pensamentos e emoções inválidos, maneiras inválidas de ver e experimentar as coisas e nós mesmos, são, no final das contas, a origem de nosso sofrimento e de nossa não-iluminação. Em última análise, pensamentos e emoções válidos estão relacionados com a felicidade e com a liberdade espiritual, enquanto pensamento e emoções inválidos estão relacionados com o sofrimento e com o estado não-iluminado.

As Duas Verdades

Ao treinar a mente, desenvolvemos, intensificamos e aperfeiçoamos pensamentos e emoções válidos, assim como impedimos, minamos e acabamos por eliminar as formas inválidas. As múltiplas abordagens do treinamento da mente têm dois aspectos principais. Um deles é o desenvolvimento da percepção ou da sabedoria, ou seja, desenvolver essas maneiras válidas de pensar. O outro é o método ou os *meios habilidosos*. Esse modo de ver a essência dos ensinamentos do Buda como ensinamentos sobre conhecimento e sobre método corresponde maravilhosamente a uma observação de Nagarjuna, quando diz que todos os ensinamentos do Buda devem ser compreendidos por meio das duas verdades: a verdade convencional e a absoluta. É preciso entender os ensinamentos essenciais das quatro nobres verdades em termos dessas duas verdades. No entanto, quando falamos sobre a natureza das duas verdades, devemos entender que elas não são dois reinos independentes e sem relação.

As várias escolas filosóficas têm entendimentos diferentes dessas duas verdades. Quando falo sobre elas, meu entendimento está fundamentado na perspectiva dos pensadores indianos Madhyamika, com relação aos quais tenho uma inclinação particular baseada na admiração. Segundo a visão Madhyamika, a realidade convencional é constituída pela experiência comum no reino da causa e efeito. Esse é o reino da multiplicidade, no qual vemos operarem as diversas leis da realidade. Esse nível de realidade é chamado de verdade convencional, porque a verdade de nossa experiência nesse nível é específica a uma maneira convencional ou normal de entender o mundo.

Se formos mais além, descobrimos que todas as coisas são o resultado de muitas causas e condições. A origem das coisas e acontecimentos depende de fatores múltiplos. Qual a implicação dessa realidade de interdependência? A implicação é que nenhuma coisa, nenhum acontecimento, incluindo o próprio eu de cada um, possui uma realidade independente ou intrínseca. Essa ausência de realidade independente é chamada de verdade absoluta. A razão pela qual é chamada de verdade *absoluta* é que ela não é óbvia para nós, em nosso nível comum de percepção do mundo. É preciso ir mais adiante para encontrá-la.

Essas duas verdades são, na realidade, dois lados da mesma coisa — duas perspectivas de um mesmo e único mundo. O princípio das duas verdades é muito importante porque fala diretamente ao nosso entendimento da relação entre nossa percepção e a realidade do mundo. Encontramos na literatura budista indiana inúmeras conversas, debates e análises sobre como a mente, ou a consciência, apreende o mundo. Surgem perguntas como: qual a natureza da relação entre nossa experiência subjetiva e o mundo objetivo? E: até que ponto nossas experiências são constituídas pelo mundo que apreendemos? Penso que a razão pela qual essas questões foram tão intensamente discutidas no budismo é que sua resposta tem um papel crucial no desenvolvimento de nossa mente.

Os Dois Aspectos da Budeidade

A esses dois níveis de realidade correspondem as duas dimensões do caminho: método e sabedoria. E porque há duas dimensões principais do caminho existem dois aspectos do estado resultante de budeidade.

Um deles é o corpo formal de um buda, e o outro é seu corpo verdadeiro, a verdadeira realidade de uma mente iluminada.

O corpo formal é definido como o aspecto de um ser plenamente iluminado que existe puramente em relação aos outros. Ao assumir formas e aparências tão diversas, um ser plenamente iluminado pode realizar todo tipo de atividade para assegurar o bem-estar dos outros. O corpo verdadeiro de um buda é definido como o aspecto que existe em relação a outros budas. A razão para tal é que o corpo verdadeiro só é diretamente acessível a um ser plenamente iluminado. É só assumindo um corpo formal que o corpo verdadeiro pode se manifestar e realizar atividades benéficas para seres não-iluminados. Assim, a budeidade pode ser considerada a realização tanto do interesse pessoal de uma pessoa quanto do interesse dos outros.

Tornar-se um buda significa que uma pessoa compreendeu plenamente a verdadeira natureza da realidade e desenvolveu plenamente o desejo de beneficiar outras pessoas. Portanto, um buda é uma manifestação completa tanto de sabedoria quanto de compaixão.

6

O Caminho do *Bodisatva*

O *Guia para o modo de vida do bodisatva*, escrito pelo mestre indiano do século VIII, Shantideva, é a fonte primária da maioria dos escritos sobre a atitude altruísta de colocar a felicidade dos outros antes da sua própria. Recebi a transmissão oral desse texto pelo falecido Khunu Rinpoche, um notável professor da cidade de Kinnaur, no norte da Índia. Eu próprio tento aplicar esses ensinamentos o máximo possível e também, quando surge a oportunidade, explicá-los aos outros. Usando o texto de Shantideva como guia, gostaria de explorar alguns dos principais pontos dessa prática compassiva.

Para Reconhecer o Inimigo Interior

De modo a priorizar o bem-estar dos outros, em primeiro lugar é preciso reconhecer o que nos mantém presos à atitude auto-referente. No quarto capítulo, intitulado "A consciência", Shantideva explica que as ilusões dentro de nossas mentes, como o ódio, a raiva, o apego e a inveja, são nossos verdadeiros inimigos. Como ele afirma nos dois versos abaixo, esses inimigos não têm corpos físicos com pernas e braços, nem tampouco têm armas nas mãos; pelo contrário, residem em nossas mentes e nos atormentam. Controlam-nos e nos prendem como seus escravos. Normalmente, no entanto, não percebemos essas ilusões como nossas inimigas, e assim nunca as confrontamos nem as desafiamos. Já que não as desafiamos, elas vivem sem correr perigo dentro de nossas mentes e continuam a nos prejudicar à vontade.

> Inimigos como o ódio e a cobiça
> Não têm mãos nem pés,
> E não são corajosos nem inteligentes.
> Como é possível que me tenha tornado escravo deles?
>
> Emboscados na minha mente,
> Atacam-me a seu bel-prazer;

E, no entanto, eu os suporto com paciência e sem raiva.
Mas este é um momento inadequado e vergonhoso para
a paciência. (4:28-29)

Pensamentos e emoções negativos com freqüência são enganadores. Eles brincam conosco. O desejo, por exemplo, nos parece ser um amigo digno de confiança, algo belo e querido para nós. Do mesmo modo, a raiva e o ódio parecem ser nossos protetores ou guarda-costas confiáveis. Algumas vezes, quando alguém está prestes a prejudicá-lo, a raiva aumenta dentro de você como um protetor e lhe dá uma espécie de força. Mesmo que você possa ser fisicamente mais fraco do que seu agressor, a raiva o faz sentir-se forte. Ela lhe dá um falso sentimento de poder e energia, e o resultado, nesse caso, é que você pode levar uma surra. Já que a raiva e outras emoções destrutivas aparecem assim disfarçadas, raramente as desafiamos de verdade. Existem muitas maneiras semelhantes pelas quais os pensamentos e emoções negativos nos iludem. De modo a perceber completamente a traição desses pensamentos e emoções negativos, devemos primeiro alcançar alguma estabilidade mental. Só então começaremos a ver sua natureza traiçoeira.

Apesar de ser um monge e suposto praticante do *Guia para o modo de vida do bodisatva*, eu próprio às vezes ainda me irrito e sinto raiva. Como resultado disso, uso palavras ásperas com os outros. Então, poucos instantes depois, quando a raiva se dissipou, sinto-me envergonhado; as palavras negativas já estão ditas e realmente não há como trazê-las de volta. Embora as palavras em si já estejam pronunciadas e o som da voz tenha deixado de existir, seu impacto permanece. Assim, a única coisa que posso fazer é me aproximar da pessoa e me desculpar. Enquanto não tomo essa atitude, sinto-me bastante tímido e envergonhado. Isso mostra que mesmo um pequeno rompante de raiva e irritação cria uma grande quantidade de desconforto e perturbação para aquele que fica com raiva, sem falar no dano causado à pessoa-alvo dessa raiva. Portanto, na realidade, esses estados de espírito negativos obscurecem nossa inteligência e nosso bom julgamento, causando assim grandes danos.

Uma das melhores qualidades humanas é nossa inteligência, que nos permite julgar o que é saudável e o que não é, o que é benéfico e prejudicial. Pensamentos negativos, como a raiva e o apego excessivos, destroem essa qualidade humana especial; isso é realmente muito triste. Quando a raiva ou o apego dominam a mente, a pessoa fica quase louca e tenho certeza de que ninguém quer ficar louco. Sob o domínio da raiva ou do apego, cometemos todo tipo de atos prejudiciais — geralmente com conseqüências extensas e destrutivas. Uma pessoa dominada por tais estados de espírito e de emoção é como uma pessoa cega, incapaz de ver onde está indo. No entanto, não ousamos desafiar esses pensamentos e emoções negativos que quase nos levam à insanidade. Pelo contrário, muitas vezes os nutrimos e reforçamos! Ao fazer isso, na verdade, estamos nos tornando presas de seu poder destrutivo. Quando você refletir dessa maneira, perceberá que nosso verdadeiro inimigo não está fora de nós mesmos.

Deixe-me dar-lhe outro exemplo. Quando sua mente está treinada para a autodisciplina, mesmo que você esteja cercado por forças hostis, sua paz de espírito quase não será perturbada. Por outro lado, se sua mente for indisciplinada, sua paz e calma mental poderão facilmente ser interrompidas por seus próprios pensamentos e emoções negativos. Então repito, o verdadeiro inimigo está dentro de nós, não fora. Geralmente definimos nosso inimigo como uma pessoa, um agente externo que, acreditamos, está nos prejudicando ou prejudicando alguém querido. Mas um inimigo assim depende de muitas condições e é impermanente. Em um momento, a pessoa pode agir como inimiga; no entanto, no momento seguinte, ele ou ela pode se tornar seu melhor amigo. Isso é uma verdade que muitas vezes experimentamos em nossas próprias vidas. Mas os pensamentos e emoções negativos, o inimigo interior, sempre serão inimigos. São seus inimigos hoje, foram seus inimigos e continuarão a ser seus inimigos enquanto estiverem morando dentro de sua mente.

Esse inimigo interior é extremamente perigoso. O potencial destrutivo de um inimigo exterior é limitado quando comparado ao de seu equivalente interior. Além disso, muitas vezes é possível criar uma defesa física contra um inimigo exterior. No passado, por exemplo, muito embora tivessem recursos materiais e capacidades tecnológicas limitadas, as pessoas se defendiam construindo fortalezas e castelos com muitas muralhas. Com as armas poderosamente destruidoras de hoje em dia, tais defesas estão, é claro, obsoletas. Em uma época em que qualquer país é alvo potencial das armas nucleares dos outros, os seres humanos ainda continuam a desenvolver sistemas de defesa cada vez mais sofisticados. O sistema antimísseis proposto pelos Estados Unidos é um exemplo típico de tal iniciativa. Por trás de seu desenvolvimento ainda está a antiga crença de que podemos acabar criando um sistema que nos dará proteção "total". Não sei se um dia será possível criar um sistema de defesa capaz de garantir proteção mundial contra todas as forças externas de destruição. No entanto, uma coisa é certa: enquanto esses inimigos interiores destrutivos da raiva e do ódio forem deixados em paz e não forem desafiados, a ameaça da aniquilação física sempre vai pairar sobre nós. Na verdade, no final das contas, o poder destrutivo de um inimigo exterior deriva do poder dessas forças internas. O inimigo interior é o gatilho que libera o poder destrutivo do inimigo exterior. Shantideva nos diz que, enquanto esses inimigos interiores permanecerem em segurança dentro de nós, há grande perigo.

Shantideva prossegue dizendo que, mesmo se todas as pessoas do mundo se opusessem a você como seus inimigos e o prejudicassem, contanto que sua própria mente estivesse disciplinada e calma, não seriam capazes de perturbar sua paz. No entanto, um só caso de ilusão que surgir em sua mente terá o poder de perturbar essa paz e estabilidade interiores.

> Mesmo que tivesse como inimigos
> Todos os deuses e todos os semideuses,
> Juntos não seriam capazes
> De me arrastar para o inferno.
>
> Mas as emoções negativas, esses poderosos inimigos,
> Lançam-me, num piscar de olhos, num fogo tal
> Que até a rainha das montanhas derreteria
> Sem deixar a menor cinza. (4:30-31)

Shantideva também afirma que uma diferença crucial entre o inimigo comum e as ilusões é que, se você se comportar de forma amigável e compreensiva com o inimigo comum, então poderá ser capaz de transformar esse inimigo em amigo, mas não pode se relacionar com as ilusões de modo semelhante. Quanto mais você tentar se associar a elas com o objetivo de ser seu amigo, mais prejudiciais e desastrosas se tornarão.

Se eu honrar e confiar nos outros agradavelmente,
Eles me trarão benefícios e felicidade;
Mas se eu confiar nessas concepções perturbadoras
No futuro elas só me trarão tristeza e danos. (4:33)

Enquanto você continuar a ser dominado pelas ilusões e pelos estados de ignorância que as sustentam, não terá nenhuma possibilidade de alcançar uma felicidade genuína e duradoura. Isso, penso, é um fato natural. Se você se sentir profundamente perturbado por essa verdade, sua resposta deverá ser a busca de um estado de liberdade em relação a isso, ou seja, o estado de nirvana. Aqueles que se tornam monges e freiras fazem do alcance do nirvana, ou da verdadeira liberação, o foco de suas vidas. Assim, se você puder se permitir dedicar-se inteiramente à prática do darma, então deverá implementar em sua vida os métodos espirituais que levam ao alcance desse estado de liberdade. Se, como no meu caso, você não tiver tempo suficiente, isso é bem difícil, não é? Sei que um dos fatores que me impedem de me dedicar totalmente a um modo de vida com tal compromisso é minha própria preguiça. Sou um Dalai-Lama bem preguiçoso, o preguiçoso Tenzin Gyatso! Mesmo que você não possa levar uma vida na qual o único objetivo seja a prática do Darma, é muito benéfico refletir o máximo possível sobre esses ensinamentos e esforçar-se para reconhecer a transitoriedade de todas as circunstâncias adversas. Como ondulações na água de uma piscina, elas ocorrem e logo desaparecem.

Na medida em que nossas vidas são condicionadas por nossas ações iludidas do passado, elas são caracterizadas por ciclos de problemas permanentes, que crescem e em seguida diminuem. Um problema aparece e passa, e logo outro problema começa. Eles vêm e vão em uma seqüência incessante. No entanto, a continuidade de cada uma de nossas consciências — por exemplo, da consciência de Tenzin Gyatso — não tem começo. Embora seja um estado de fluxo constante, um processo dinâmico e em constante mudança, a natureza básica da consciência nunca muda. Tal é a natureza de nossa existência condicionada, e a percepção dessa verdade faz com que seja fácil para mim me relacionar com a realidade. Essa visão realista me ajuda a manter minha paz e minha calma. Esse é o modo de pensar do monge Tenzin Gyatso. Por meio de minha própria experiência, sei que a mente pode ser treinada, e graças ao treinamento podemos causar uma mudança profunda em nós mesmos. Isso, eu sei, é bastante incontestável.

Apesar de sua influência penetrante e de seu potencial destrutivo, existe um aspecto específico sob o qual o inimigo interior é mais fraco do que o inimigo exterior. No *Guia para o modo de vida do bodisatva*, Shantideva explica que para derrotar inimigos comuns são necessárias força física e armas. Você pode até precisar gastar bilhões de dólares em armas para enfrentá-los. Mas para combater o inimigo interior, as idéias perturbadoras, você só precisa desenvolver os fatores que dão origem à sabedoria que permite compreender a natureza fundamental dos fenômenos. Não precisa de nenhuma arma material nem de força física. Isso é uma grande verdade.

> Emoções perturbadoras iludidas! Se abandonadas pelo
> olho da sabedoria
> E expulsas da minha mente, para onde iriam?
> Qual seria sua morada para serem capazes de me fazer
> mal novamente?
> Mas, com a mente fraca, fui reduzido a não fazer
> nenhum esforço. (4:46)

Na verdade, quando estava recebendo os ensinamentos orais sobre esse texto do falecido Khunu Rinpoche, observei que o *Guia para o modo de vida do bodisatva* afirma que as ilusões são humildes e fracas, o que não é verdade. Ele imediatamente respondeu dizendo que não é preciso uma bomba atômica para destruir as ilusões! Então é isso que Shantideva quer dizer aqui. Você não precisa de armas caras e sofisticadas para destruir o inimigo interior. Precisa simplesmente desenvolver uma determinação firme para derrotá-lo, gerando sabedoria: um entendimento da verdadeira natureza da mente. Você também deve compreender genuinamente tanto a natureza relativa dos pensamentos e emoções negativos quanto a natureza fundamental de todos os fenômenos. Na terminologia técnica budista, essa compreensão é conhecida como *verdadeira compreensão da natureza do vazio*. Shantideva menciona ainda outro aspecto sob o qual o inimigo interior é mais fraco. Ao contrário de um inimigo exterior, o inimigo interior não pode se reorganizar e conduzir uma revanche depois de ter sido destruído de dentro.

Superando a Raiva e o Ódio

Falamos sobre a natureza enganadora e destrutiva das ilusões. O ódio e a raiva são os maiores obstáculos para um praticante do *bodichita*, o desejo altruísta de iluminação. *Bodisatvas* nunca deveriam gerar ódio, mas, em vez disso, deveriam se opor a ele. Para isso, a prática da paciência, da tolerância, é crucial. Shantideva começa o sexto capítulo de seu texto, intitulado "A paciência", explicando a seriedade do dano e do estrago causado pela raiva e pelo ódio: eles nos prejudicam agora e no futuro, e também nos prejudicam destruindo nossa coleção de méritos passados. Já que o praticante da paciência deve se opor ao ódio e derrotá-lo, Shantideva insiste na importância de primeiro identificar os fatores que causam a raiva e o ódio. Suas principais causas são a insatisfação e a infelicidade. Quando estamos infelizes e insatisfeitos, ficamos frustrados com facilidade e isso leva a sentimentos de ódio e raiva.

Shantideva explica que é muito importante para aqueles dentre nós que treinam a paciência evitar o surgimento da infelicidade mental — o que é provável acontecer quando você sente que as pessoas de quem gosta estão ameaçadas, quando é acometido pela má sorte ou quando outros impedem que você atinja seu objetivo. Seus sentimentos de insatisfação e infelicidade nessas horas são o combustível que alimenta o ódio e a raiva. Assim, desde o começo, é importante não permitir que essas circunstâncias perturbem sua paz de espírito.

Ele assinala, usando todos os meios à nossa disposição, que deveríamos nos opor e eliminar a instalação do ódio, já que sua única função é nos prejudicar e prejudicar os outros. Esse é um conselho muito profundo.

Tendo encontrado seu combustível de insatisfação
Em evitar aquilo que desejo
E em fazer aquilo que não quero,
O ódio aumenta e depois me destrói. (6:7)

Se a manutenção de um estado de espírito equilibrado e feliz mesmo diante da adversidade é um fator-chave para prevenir o surgimento do ódio, ainda podemos nos perguntar como conseguir isso. Shantideva diz que, quando se está diante de circunstâncias adversas, sentir-se infeliz não tem utilidade para superar a situação indesejada. Isso não é apenas fútil, mas, na verdade, servirá apenas para aumentar sua própria ansiedade e causar um estado de espírito desconfortável e insatisfeito. Você perde toda noção de calma e felicidade. A ansiedade e a infelicidade gradualmente o corroem por dentro e afetam seu sono, seu apetite e sua saúde também. Na verdade, se o dano inicial que você sofreu foi infligido por um inimigo, sua infelicidade mental pode até se tornar um motivo de deleite para essa pessoa. Portanto, é inútil se sentir infeliz e insatisfeito quando confrontado a circunstâncias adversas, bem como revidar contra quem lhe tenha feito mal.

Em geral, existem dois tipos de ódio ou raiva resultantes da infelicidade e da insatisfação. Um primeiro tipo é quando alguém o prejudica, e como resultado disso você se sente infeliz e gera raiva. O outro é quando, embora ninguém o esteja prejudicando diretamente, ver o sucesso e a prosperidade de seus inimigos o faz sentir-se infeliz e gera raiva por causa disso.

Da mesma maneira, geralmente existem dois tipos de dano causados por outras pessoas. Um primeiro tipo é o dano físico direto infligido por outras pessoas e experimentado conscientemente por você. O outro é o dano causado a seus bens materiais, à sua reputação, à sua amizade e assim por diante. Embora não sejam dirigidos a seu corpo, esses atos também são um tipo de dano. Digamos que alguém bata em você com uma vara e você sinta dor e fique com raiva. Você não fica com raiva da vara, fica? Qual é exatamente o alvo da sua raiva? Se a atitude apropriada fosse sentir raiva do fator que causou o ato de bater, então você não deveria ficar com raiva dessa pessoa, mas sim das emoções negativas que levaram essa pessoa a agir. Normalmente, no entanto, não fazemos essas distinções. Pelo contrário, consideramos a pessoa — o agente intermediário entre as emoções negativas e o ato — a única responsável e guardamos rancor em relação a ela, não em relação às dificuldades ou às ilusões.

Também deveríamos ter consciência de que, já que possuímos um corpo físico que está sujeito a sentir dor quando atingido por uma vara, nosso próprio corpo contribui em parte para nossa experiência da dor. Por causa de nosso corpo e de sua natureza, algumas vezes experimentamos a dor física mesmo que nenhuma causa externa de dor esteja presente. Está claro que a experiência da dor ou do sofrimento ocorre como resultado de uma interação entre nosso corpo e vários fatores externos.

Você também pode refletir sobre como, se a natureza essencial da pessoa que o está machucando é prejudicar os outros, é inútil ficar com raiva, já que não haveria nada que você ou essa pessoa pudessem fazer para mudar sua natureza essencial. Se a verdadeira natureza dessa pessoa fosse realmente causar danos, ela simplesmente seria incapaz de agir de outra maneira. Como afirmou Shantideva:

> Mesmo que a natureza destes insensatos
> Consistisse em fazer mal aos outros,

Ainda seria incorreto irritar-se com eles
Pois seria como culpar o fogo, cuja natureza é queimar. (6:39)

Por outro lado, se prejudicar os outros não for a natureza essencial da pessoa, mas em vez disso seu caráter aparentemente prejudicial for meramente incidental e circunstancial, então ainda não há necessidade de sentir raiva dessa pessoa, já que o problema se deve inteiramente a determinadas condições e circunstâncias imediatas. Por exemplo, ela pode ter perdido a paciência e agido mal, mesmo que não tivesse realmente a intenção de machucar você. Também é possível pensar dessa maneira.

Quando você sente raiva de outras pessoas que não lhe estão causando danos diretos, físicos, mas que percebe estarem impedindo que você alcance fama, posição, ganhos materiais e assim por diante, você deveria pensar da seguinte maneira: por que ficaria especialmente irritado ou zangado com relação a esse problema específico? Analise a natureza daquilo que não está conseguindo obter — fama e assim por diante — e examine com cuidado seu benefício para você. Eles são realmente tão importantes? Você descobrirá que não. Já que é esse o caso, por que ficar com tanta raiva dessa pessoa? Pensar dessa maneira também é útil.

Quando você ficar com raiva como resultado da infelicidade que sente ao ver o sucesso e a prosperidade de seus inimigos, deveria lembrar que o simples fato de sentir ódio, raiva ou infelicidade não vai afetar os bens materiais ou o sucesso dessa pessoa na vida. Portanto, mesmo desse ponto de vista, é bastante inútil.

Além da prática da paciência, os praticantes que se inspiram no texto de Shantideva também buscam desenvolver o *bodichita* — o desejo de alcançar a iluminação para o benefício de todos os seres sencientes — bem como a compaixão e o treinamento da mente. Se, apesar de sua prática, eles ainda se sentirem infelizes por causa do sucesso de seus inimigos na vida, deveriam lembrar que essa atitude é deveras inapropriada para um praticante da compaixão. Se essa atitude negativa persistir, o pensamento "Sou um praticante da compaixão; sou uma pessoa que vive segundo os preceitos do treinamento da mente" torna-se meras palavras desprovidas de significado. Em vez disso, um verdadeiro praticante do *bodichita* deveria se regozijar pelo fato de outras pessoas terem conseguido alguma coisa sozinhas sem a ajuda de ninguém. Em vez de ficar infelizes e cheios de ódio, deveríamos nos regozijar com o sucesso dos outros.

Se investigarmos a questão em um nível ainda mais profundo, descobriremos que, quando os inimigos nos prejudicam, podemos na verdade ser-lhes gratos. Tais situações são oportunidades raras de testar nossa própria prática da paciência. Trata-se de uma ocasião preciosa para praticar não apenas a paciência, mas também os outros ideais do *bodisatva*. O resultado é que temos a oportunidade de acumular mérito nessas situações e receber seus benefícios. O pobre inimigo, por sua vez, por causa da ação negativa de infligir dano a alguém em razão da raiva e do ódio, vai acabar tendo que encarar as conseqüências negativas de suas próprias ações. É quase como se aqueles que nos prejudicaram se sacrificassem em prol do nosso benefício. Já que o mérito acumulado graças à prática da paciência só foi possível por causa da oportunidade que nosso inimigo nos proporcionou, estritamente falando deveríamos dedicar nosso mérito ao benefício desse inimigo. É por isso que o *Guia para o modo de vida do bodisatva* fala em gentileza do inimigo.

Embora possamos por um lado reconhecer a gentileza do inimigo, podemos, por outro, sentir que o inimigo não teve intenção de ser gentil conosco. Portanto, pensamos, não é necessário que lembremos de sua gentileza de modo algum. Se, para que respeitemos ou valorizemos alguma coisa, é preciso haver intenção consciente da parte do objeto, então esse argumento deveria se aplicar também a outros assuntos. Por exemplo, por si só, a verdadeira cessação do sofrimento e o verdadeiro caminho que leva à cessação — a terceira e a quarta nobres verdades — não têm intenção consciente de serem benéficos. No entanto, como budistas, ainda assim as respeitamos e as reverenciamos. Por quê? Porque elas nos trazem benefícios. Se os benefícios recebidos por nós justificam nossa reverência e respeito por essas duas verdades, apesar de elas não terem nenhuma intenção consciente, então esse mesmo raciocínio também deveria se aplicar ao inimigo.

No entanto, você pode sentir que há uma diferença importante entre o inimigo e essas duas verdades da verdadeira cessação e do verdadeiro caminho. Ao contrário das duas verdades, o inimigo tem um propósito consciente de prejudicá-lo. Mas essa diferença também não é uma razão válida para não respeitar o inimigo. Na verdade, se ela tem algum efeito, é o de representar mais motivos para reverenciar e ser grato a seu inimigo. De fato, é esse fator especial que torna seu inimigo único. Se infligir dor física fosse suficiente para tornar alguém um inimigo, você deveria ter que considerar seu médico um inimigo, pois ele muitas vezes causa dor durante o tratamento. Agora, como praticante genuíno do *bodichita*, você deve desenvolver a paciência. E de modo a praticar com sinceridade e a desenvolver a paciência, precisa de alguém que o machuque intencionalmente. Assim, essas pessoas nos dão verdadeiras oportunidades de praticar essas coisas. Elas estão testando nossa força interior de uma maneira que nosso guru é incapaz de fazer. Nem mesmo o Buda tem tal potencial. Portanto, o inimigo é *o único* que nos dá essa oportunidade de ouro. Essa é uma conclusão notável, não? Pensando dessa maneira e usando essas razões, você acabará desenvolvendo um tipo de respeito extraordinário por seus inimigos. Essa é a principal mensagem de Shantideva no sexto capítulo.

Quando tiver gerado respeito genuíno por seu inimigo, você poderá então remover com facilidade a maioria dos principais obstáculos para desenvolver o altruísmo infinito. Shantideva menciona que, assim como os muitos budas nos ajudam a alcançar a iluminação, também existe uma contribuição equivalente dos seres sencientes comuns. A iluminação só pode ser alcançada se nos apoiarmos em ambas: a gentileza dos seres sencientes e a gentileza dos budas.

Para aqueles dentre nós que alegam ser seguidores do Buda Shakyamuni e que reverenciam e respeitam os ideais do *bodisatva*, Shantideva afirma que é incorreto ter rancor ou ódio em relação a nossos inimigos, quando todos os budas e *bodisatvas* levam todos os seres sencientes em seus corações. É claro que nossos inimigos estão incluídos no grupo de todos os seres sencientes. Se sentirmos rancor para com aqueles que os budas e *bodisatvas* levam junto ao coração, contradiremos os ideais e a experiência desses budas e *bodisatvas*, justamente os seres que estamos tentando imitar.

Até mesmo em termos mundanos, quanto mais respeito e afeição sentirmos pelas pessoas, mais consideração teremos por elas. Tentamos evitar agir de maneiras que elas possam desaprovar, pensando que poderíamos ofendê-las. Tentamos levar em consideração as maneiras de pensar de nossos amigos, seus princípios e assim por diante. Se fizermos isso até mesmo para nossos amigos comuns, então, como praticantes dos ideais do *bodisatva*, deveremos demonstrar o mesmo apreço, senão um apreço ainda maior, pelos budas e *bodisatvas*, tentando não ter rancor ou sentimentos de ódio em relação a nossos inimigos.

Shantideva conclui esse capítulo sobre paciência explicando os benefícios de sua prática. Em resumo, por meio da prática da paciência, você não apenas irá alcançar um estado de onisciência, mas experimentará seus benefícios práticos até mesmo em sua vida cotidiana. Será capaz de manter sua paz de espírito e de viver uma vida de alegria.

Quando praticamos a paciência para superar o ódio e a raiva, é importante estar equipado com a força do esforço entusiasta. Deveríamos ter a habilidade de cultivar esse esforço. Shantideva explica que, assim como devemos prestar atenção ao executar uma tarefa mundana, como travar uma guerra, para infligir a maior destruição possível ao inimigo, ao mesmo tempo em que nos protegemos de seus danos, da mesma maneira, quando praticamos o esforço entusiasta, é importante alcançar o mais alto nível de sucesso ao mesmo tempo em que nos asseguramos de que essa ação não prejudica ou obstrui nossas outras práticas.

Eu e os Outros: Trocando de Lugar

No capítulo sobre meditação no *Guia para o modo de vida do bodisatva*, encontramos uma explicação da meditação específica para cultivar a compaixão e o *bodichita*. A explicação segue um método chamado *equalizar e trocar o si pelos outros*. O equalizar e o trocar o si pelos outros significam desenvolver a atitude que entende que: "Assim como eu desejo a felicidade e desejo evitar o sofrimento, o mesmo se aplica a todos os outros seres vivos, que são infinitos como o espaço; eles também desejam não só a felicidade, como desejam evitar o sofrimento." Assim como trabalhamos para nosso próprio benefício de modo a alcançar a felicidade e nos proteger do sofrimento, também deveríamos trabalhar pelo benefício dos outros, para ajudá-los a alcançar a felicidade e a libertação do sofrimento.

Embora nosso corpo tenha diferentes partes, como a cabeça, os membros e assim por diante, no que diz respeito à necessidade de protegê-las não há diferença entre elas, pois são igualmente parte do mesmo corpo. Da mesma maneira, todos os seres sencientes têm essa tendência natural — desejam alcançar a felicidade e se libertar do sofrimento — e, no que diz respeito a essa inclinação natural, não há nenhuma diferença entre os seres sencientes. Conseqüentemente, não deveríamos fazer distinção entre nós mesmos e os outros quando trabalhamos para alcançar a felicidade e superar o sofrimento.

Deveríamos refletir e nos esforçar seriamente para eliminar nossa noção de que nós e os outros somos separados e distintos. Vimos que, até agora, no que diz respeito ao desejo de alcançar a felicidade e de evitar o sofrimento, não há nenhuma diferença. O mesmo se aplica também ao nosso *direito natural* de sermos felizes; assim como temos o direito de gozar a felicidade e a liberdade sem sofrimento, todos os outros seres vivos têm o mesmo direito natural. Então, onde está a diferença? A diferença está no número de seres sencientes envolvidos. Quando falamos do nosso próprio bem-estar, estamos falando apenas do bem-estar do indivíduo, enquanto o bem-estar dos outros inclui o bem-estar de um número infinito de seres. Desse ponto de vista, podemos entender que o bem-estar dos outros é muito mais importante do que o nosso.

Se o nosso próprio bem-estar e o dos outros não tivessem relação nenhuma e fossem independentes um do outro, poderíamos defender o fato de negligenciar o bem-estar dos outros. Mas esse não é o caso. Sempre estou relacionado aos outros e dependo muito deles, não importa qual seja o meu nível de desenvolvimento espiritual: enquanto eu não estiver iluminado, enquanto estiver no caminho e também uma vez que houver alcançado a iluminação. Se refletirmos dessa maneira, a importância de trabalhar em benefício dos outros se torna naturalmente aparente.

Você também deveria examinar se, ao permanecer egoísta e auto-referente apesar dos pontos citados acima, ainda pode alcançar a felicidade e realizar seus desejos. Se for esse o caso, então a continuação de seus hábitos egoístas e auto-referentes seria um procedimento razoável. Mas não é. A natureza de nossa existência é tal que devemos depender da cooperação e da gentileza dos outros para nossa sobrevivência. É possível observar o fato de que, quanto mais nos preocupamos sinceramente com o bem-estar dos outros e trabalhamos para o seu benefício, mais benefícios obtemos. Você pode ver esse fato por si mesmo. Por outro lado, quanto mais egoísta e auto-referente continuar a ser, mais sozinho e triste se tornará. Você também pode observar esse fato por si mesmo.

Portanto, se realmente quiser trabalhar para seu próprio benefício e bem-estar, então é melhor levar em conta o bem-estar dos outros e considerar o bem-estar deles mais importante do que o seu próprio. Ao refletir sobre esses pontos, você sem dúvida será capaz de fortalecer cada vez mais sua atitude de valorização do bem-estar dos outros.

Além disso, podemos complementar nossa prática da compaixão e do *bodichita* com meditações sobre os diversos valores da sabedoria. Por exemplo, podemos refletir sobre a natureza do buda: o potencial de realizar a budeidade que existe dentro de nós e de todos os seres sencientes. Também podemos refletir sobre a natureza fundamental dos fenômenos, sobre sua natureza vazia, usando o raciocínio lógico para determinar o valor da realidade. Podemos imaginar que a cessação do sofrimento é possível porque a ignorância, que é sua principal causa, é por natureza fortuita e, assim, pode ser separada da natureza essencialmente pura de nossa mente. Ao pensar e meditar sobre os fatores da sabedoria e ao praticar a compaixão e o altruísmo de forma constante, com esforços deliberados, durante um longo período, você verá uma verdadeira mudança em sua mente.

7

Oito Versos para Treinar a Mente

TODOS OS VÁRIOS ENSINAMENTOS do Buda fornecem maneiras para treinar e transformar a mente. No entanto, historicamente, desenvolveu-se no Tibet uma classe tradicional de práticas e literatura associada a eles, conhecida como *lojong*, que significa "treinamento da mente". Esses praticantes são chamados assim porque seu objetivo é nada menos do que causar uma transformação radical em nosso pensamento e, por meio dela, ajudar-nos a viver uma vida compassiva. Uma das principais características da prática do *lojong* é sua ênfase na superação de nossa noção iludida de um ego sólido e das atitudes de autovalorização que nos impedem de desenvolver uma empatia genuína em relação aos outros e limita nossa visão aos confins estreitos de nossas preocupações auto-referentes. Em suma, com o treinamento da mente buscamos transformar nossa visão normalmente egoísta da vida em uma visão mais altruísta que, no mínimo, considera o bem-estar dos outros tão importante quanto o nosso próprio e idealmente considera o bem-estar dos outros muito mais importante do que o nosso.

Uma obra particularmente importante da literatura sobre o treinamento da mente são os *Oito versos para treinar a mente*, do mestre do século XII, Langri Tangpa. Os *Oito versos para treinar a mente* resumem os principais ensinamentos tanto sobre sabedoria quanto sobre método. A obra se concentra nos antídotos que permitem ao praticante enfrentar os dois principais obstáculos. O primeiro é a atitude de autovalorização, e seus antídotos são principalmente o cultivo do altruísmo, da compaixão e do *bodichita*. O segundo obstáculo é nosso controle iludido de algum tipo de eu duradouro, de existência permanente. O antídoto para isso está contido nos ensinamentos de sabedoria. Os primeiros sete versos dos *Oito versos para treinar a mente* lidam com as práticas associadas ao cultivo do método, e o oitavo lida com as práticas para o cultivo da sabedoria. Pode-se, portanto, dizer que esses oito versos contêm toda a essência dos ensinamentos de Buda sob uma forma distinta.

1. Ao pensar em todos os seres sencientes como
   ainda melhores do que a pedra dos desejos
   para atingir o objetivo maior,
   possa eu sempre considerá-los preciosos.

Essas quatro linhas falam sobre cultivar uma noção de valorização de todos os outros seres sencientes. O principal ponto que esse verso enfatiza é o desenvolvimento de uma atitude que lhe permita considerar os outros seres sencientes preciosos, da mesma maneira que poderíamos considerar uma jóia de alto valor.

Nesse verso há uma referência explícita ao agente "eu": "Possa *eu* sempre considerar os outros preciosos." Talvez possa ser útil uma breve discussão a respeito de que o budismo considera que esse "eu" está se referindo a algo.

Falando de maneira geral, ninguém discorda de que as pessoas — você, eu, os outros — existem. Não questionamos a existência de alguém que passa pela experiência da dor, por exemplo. Dizemos: "Vejo isso e isso" e "ouço isso e isso" e usamos constantemente o pronome na primeira pessoa em nosso discurso. Não há como discordar da existência do nível convencional de "eu" que todos experimentamos na vida cotidiana.

No entanto, surgem perguntas quando tentamos entender o que esse "eu" ou "si" realmente é. Ao abordar essas questões, podemos tentar estender a análise além da vida cotidiana — podemos, por exemplo, relembrar como éramos na juventude. Quando você relembra algo de sua juventude, tem um sentimento próximo de identificação com o estado do corpo e com sua noção de eu naquela idade. Quando você era jovem, havia um eu. Conforme fica mais velho, há um eu. Há também um eu que abrange os dois estados. Um indivíduo pode relembrar suas experiências de juventude, suas experiências da velhice, e assim por diante. Nós nos identificamos com os estados do nosso corpo e com nossa noção de nós mesmos, nossa consciência do "eu".

Muitos filósofos e em especial pensadores religiosos buscaram entender a natureza do indivíduo, desse "si" ou "eu", que mantém essa continuidade ao longo do tempo. Isso foi especialmente importante dentro da tradição indiana. As escolas indianas não-budistas falam em *atman*, que pode ser traduzido de forma aproximada por "si" ou "alma"; e em outras tradições religiosas não-indianas, como o cristianismo e o judaísmo, ouvimos falar na "alma" de uma pessoa.

No contexto indiano, *atman* tem o significado distinto de um agente independente do indivíduo que vive e respira. Na tradição hinduísta, por exemplo, há uma crença na reencarnação, que inspirou muitas discussões. Também encontrei referências a determinadas formas de prática mística nas quais uma consciência ou alma assume o corpo de uma pessoa recém-falecida. De modo a compreender o fato de uma alma assumir outro corpo, precisaríamos postular algum tipo de agente que fosse independente dos elementos observáveis do indivíduo. De maneira geral, as escolas indianas não-budistas chegaram mais ou menos à conclusão de que *ego* se refere a esse agente independente, a algo que é independente de nosso corpo e de nossa mente. As tradições budistas, por outro lado, rejeitaram a tentação de postular um "si", um *atman* ou uma alma que fosse independente de nosso corpo e de nossa mente.

Entre as escolas budistas, o consenso é que o "si" ou "eu" deve ser compreendido apenas em termos do corpo e da mente. Mas mesmo entre os pensadores budistas há uma divergência de opinião quanto ao que exatamente nos referimos quando dizemos "eu" ou "si". Muitas escolas budistas afirmam que, em última análise, devemos identificar o si com a consciência da pessoa. Por meio da análise, podemos mostrar como nosso corpo é uma espécie de fato contingente e o que continua através do tempo é, na verdade, a consciência de um ser.

É claro que outros pensadores budistas rejeitaram a identificação do si com a consciência, resistindo ao impulso de buscar algum tipo de si eterno, contínuo ou permanente. Esses pensadores argumentaram que seguir esse tipo de raciocínio é, em certo sentido, sucumbir à necessidade inerente de controlar alguma coisa. Uma análise da natureza de si segundo esses princípios não produzirá nada, porque a busca de que se trata aqui não é científica, mas metafísica; porque na busca de um si metafísico estamos ultrapassando o domínio da linguagem e da experiência cotidiana. Assim, "si", "pessoa" e "agente" devem ser compreendidos puramente em termos de como experimentamos nosso sentido de si. Não deveríamos ultrapassar o nível do entendimento convencional do si e da pessoa. Deveríamos desenvolver uma compreensão de nossa própria existência em termos de nossa existência corporal e mental, de modo que "si" e "pessoa" sejam em certo sentido entendidos como designações inteiramente dependentes da mente e do corpo.

Em seu *Guia para o caminho do meio*, Chandrakirti usou o exemplo de uma carruagem. Quando você submete o conceito de *carruagem* a uma análise, nunca encontrará algum tipo de carruagem metafísica ou substancialmente real que seja independente das partes da carruagem. Mas isso não significa que a carruagem não exista. De modo semelhante, quando submetemos "si" a uma análise semelhante, não podemos encontrar um si independente da mente e do corpo que constituem a existência do indivíduo.

Essa compreensão do si como interdependente em seu surgimento deve também ser estendida a nossa compreensão dos outros seres sencientes. Designamos os "seres sencientes" dependendo do corpo e da mente que os constituem, o que os budistas chamam de *agregados*.

2. Onde quer que eu vá, com quem quer que esteja,
   possa eu ver a mim mesmo como inferior aos outros,
   e do fundo do meu coração
   possa eu considerá-los sumamente preciosos.

O primeiro verso apontava para a necessidade de cultivar o pensamento de considerar todos os outros seres sencientes preciosos. No segundo verso, o que se busca afirmar é que o reconhecimento da preciosidade de outros seres sencientes e o sentimento de carinho que você desenvolve baseado nisso não devem ser fundados em um sentimento de piedade em relação aos outros seres sencientes, ou seja, no pensamento de que eles são inferiores. Pelo contrário, o que está sendo enfatizado é um sentimento de carinho para com os outros seres sencientes e um reconhecimento de sua preciosidade, baseado na reverência e no respeito, como superior à nossa.

Passando para outra linha do verso, penso que é importante compreender a expressão "Possa eu ver a mim mesmo como inferior aos outros" no contexto correto. Certamente não se está dizendo que você deva ter pensamentos que o levem à baixa auto-estima ou que deva perder toda e qualquer esperança e se sentir rejeitado, pensando: "Sou o mais baixo de todos. Não tenho capacidade alguma, não posso fazer nada e não tenho nenhum poder." Esse não é o tipo de consideração sobre inferioridade ao qual se está fazendo referência aqui.

Considerar-se inferior aos outros precisa ser compreendido em termos relativos. Sob determinados aspectos, os seres humanos podem ser considerados superiores aos animais. Somos dotados da capacidade de fazer a distinção entre certo e errado e de pensar no futuro. No entanto, você também poderia argumentar que, sob outros aspectos, os seres humanos são inferiores aos animais. Por exemplo, os animais podem não ter a capacidade de distinguir o certo do errado em um sentido moral e podem não ter a capacidade de ver as conseqüências a longo prazo de seus atos, mas dentro do reino animal existe uma espécie de ordem. Se você observar a savana africana, verá que os predadores só atacam outros animais por necessidade, quando sentem fome. Quando não estão com fome, você pode vê-los coexistir muito pacificamente. Mas nós, seres humanos, apesar de nossa capacidade para distinguir o certo do errado, algumas vezes agimos por pura ganância. Algumas vezes nossas ações são motivadas por simples capricho — matamos por esporte, por exemplo, quando vamos caçar ou pescar. Assim, em certo sentido, poderíamos argumentar que os seres humanos se mostram *inferiores* aos animais. É nesses termos relativos que podemos nos considerar inferiores aos outros.

Uma das razões para usar a palavra *inferior* é enfatizar que normalmente, quando cedemos a emoções comuns de raiva, ódio, forte apego e ganância, fazemos isso sem nenhuma noção de limite. Muitas vezes ignoramos completamente o impacto de nosso comportamento sobre outros seres sencientes. Mas ao cultivar deliberadamente o pensamento de considerar os outros superiores e dignos de reverência, você fornece a si mesmo uma base para o limite. Então, quando surgem as emoções, elas não são tão poderosas a ponto de fazê-lo negligenciar o impacto de suas ações sobre os outros. É por causa disso que se sugere reconhecer a superioridade dos outros em relação a si próprio.

3. Possa eu examinar minha mente em todas as ações,
e assim que um estado negativo ocorrer,
já que ele coloca a mim e aos outros em perigo,
possa eu enfrentá-lo com firmeza e evitá-lo.

Esse verso vai ao fundo do que poderia ser chamado de essência da prática do Budadarma. No contexto do budismo, quando falamos em Darma, estamos falando sobre a cessação do sofrimento, ou nirvana — o verdadeiro Darma. Há muitos níveis de cessação; por exemplo, evitar o assassinato pode ser Darma. Mas isso não pode ser chamado especificamente de Darmabudista, porque evitar o assassinato é algo que até mesmo alguém não-religioso pode adotar como resultado do respeito da lei.

A essência do Darma na tradição budista é o estado de liberdade em relação ao sofrimento e às profanações que estão na raiz do sofrimento. Esse verso aborda a maneira de combater essas profanações, essas emoções e pensamentos aflitivos que dão origem à dor e ao sofrimento. A verdadeira tarefa de um praticante do Budadarma é derrotar esse inimigo interior.

Já que aplicar os antídotos para essas profanações mentais e emocionais está no âmago da prática do Darma e é, em certo sentido, sua base, o terceiro verso sugere que é muito importante cultivar a atenção desde o início. Se você deixar que emoções e pensamentos negativos surjam dentro de você sem limites, sem prestar nenhuma atenção a sua negatividade, então estará permitindo que eles ocorram livremente, e eles então poderão se desenvolver até o ponto de não haver como combatê-los. No entanto, se você desenvolver a atenção para com sua negatividade, quando eles ocorrerem, poderá eliminá-los assim que surgirem. Não lhes dará a oportunidade de se desenvolverem e de se tornarem pensamentos emocionais negativos completos.

O verso sugere que apliquemos um antídoto no nível da experiência sentida. Em vez de ir até a raiz de toda emoção, o texto sugere antídotos a emoções e pensamentos negativos específicos. Por exemplo, para combater a raiva, você deve cultivar o amor e a compaixão. Para combater o forte apego a um objeto, deve cultivar pensamentos sobre a impureza daquele objeto, sobre sua natureza indesejável e assim por diante. Para combater sua arrogância ou orgulho, precisa refletir sobre seus fracassos de modo a criar uma sensação de humildade. Por exemplo, você pode pensar sobre todas as coisas do mundo a respeito das quais é completamente ignorante. Considere os intérpretes da linguagem dos sinais para os surdos: quando olho para eles e vejo os gestos complexos que usam para traduzir, essa é uma experiência que traz bastante humildade. Na minha própria experiência pessoal, todas as vezes em que tenho uma leve sensação de orgulho, penso em computadores. Isso realmente me acalma!

4. Quando vir seres de disposição negativa
ou seres oprimidos por negatividade ou dor,
possa eu, como se encontrasse um tesouro, considerá-los
preciosos, pois é raro encontrá-los.

A razão pela qual seres de disposição negativa são identificados separadamente como foco de treinamento para a mente é porque, quando você encontra essas pessoas, pode ceder à tentação de reagir de alguma maneira forte e negativa. Em certo sentido, esses seres são um desafio maior à sua capacidade de manter seu treinamento básico e, portanto, merecem sua atenção especial.

Você então pode prosseguir aplicando esse sentimento à sociedade em geral. Entre as pessoas comuns, há uma tentação ou tendência a rejeitar determinados grupos de pessoas, a marginalizá-las e a não querer incluí-las no âmbito mais amplo da comunidade. Pessoas tachadas de criminosas são um exemplo. Nesses casos, é ainda mais importante que o praticante faça um esforço extra para tentar incluí-los de modo que lhes seja dada uma segunda chance na sociedade e também uma oportunidade para restaurar sua noção de auto-estima. Do mesmo modo, também existe na sociedade uma tentação de ignorar ou negar a existência de doenças incuráveis, como a AIDS, quando se pensa: "Isso nunca vai acontecer comigo." Existe uma tendência para desviar os olhos dessas coisas. Nesses casos também, um verdadeiro praticante deve refletir conscientemente sobre tais fenômenos e tentar enfrentá-los. Deve-se cultivar a própria mente para que se possa ter empatia e lidar com eles.

5. Todas as vezes em que os outros, por inveja,
insultarem-me e tratarem-me de outros modos injustos,
possa eu próprio aceitar essa derrota
e oferecer a vitória aos outros.

De um ponto de vista convencional legal, se alguém é alvo de alegações injustas ou sem fundamento ou base, sentimos que uma reação com raiva e com um sentimento de injustiça tem sua razão de ser. No entanto, para um praticante budista, recomenda-se que você não reaja dessa maneira, especialmente se a conseqüência desse tratamento injusto for que só você, e mais ninguém, seja machucado. Um verdadeiro praticante do treinamento da mente é encorajado a aceitar a derrota e a oferecer a vitória, evitando uma explosão de indignação e raiva.

6. Quando alguém que ajudei
ou em quem depositei grandes esperanças
fere-me com grande injustiça,
possa eu ver esse outro como um amigo sagrado.

Geralmente, quando ajudamos alguém, temos tendência a esperar algo em troca. Quando alguma outra pessoa é próxima de nós, temos determinadas expectativas em relação a essa pessoa. E se essa pessoa, em vez de reagir a nós de uma maneira positiva e de retribuir nossa gentileza, prejudica-nos, normalmente temos uma sensação de indignação. Nossa sensação de indignação e de termos sido feridos é tão profunda que sentimos que é totalmente justificado reagir com indignação e raiva. Para um verdadeiro praticante, sugere-se que você não ceda a esse tipo de resposta normal, mas, pelo contrário, que use essa oportunidade para o treinamento, como uma lição e um ensinamento. O praticante deve considerar essa pessoa um verdadeiro professor de paciência, pois é em situações como essas que o treinamento da paciência é mais necessário. É preciso reconhecer o valor dessa pessoa como um professor raro e precioso em vez de reagir com raiva e hostilidade.

Não se quer sugerir, no entanto, que um verdadeiro praticante deva simplesmente ceder a qualquer dano ou injustiça que lhe for infligido. Na verdade, de acordo com os princípios do *bodisatva*, deve-se responder à injustiça com uma forte ação contrária, especialmente se houver algum perigo de que o responsável pelo crime continue suas ações negativas no futuro ou se outros seres sencientes forem afetados de forma adversa. O que se exige é sensibilidade ao contexto. Se uma determinada injustiça acontece e não tem conseqüências maiores quer para quem cometeu o crime, quer para outros seres sencientes, então talvez você deva deixá-la passar.

> 7. Em resumo, possa eu oferecer direta e indiretamente
> toda alegria e benefício a todos os seres, minhas mães,
> e possa eu mesmo
> absorver secretamente toda sua dor e sofrimento.

Nesse verso, a compaixão a que o autor se refere é tão forte que, pelo menos no nível do pensamento, a pessoa se dispõe a suportar todo o sofrimento, dor e ferimentos de todos os seres e a assumir a negatividade que está na raiz desses sofrimentos. Pode-se também compartilhar todas as qualidades positivas que se possui, tais como a alegria, as causas da alegria, as raízes da virtude, as ações positivas e assim por diante. Oferecem-se essas qualidades positivas a outros seres sencientes.

O advérbio *secretamente* se refere à prática do *tonglen*, a prática de dar e receber — receber o sofrimento dos outros e oferecer-lhes alegria e virtude. Como sugere a palavra *secretamente*, trata-se de uma forma de prática que pode não ser adequada no nível iniciante, pois requer uma certa profundidade de coragem e compromisso. Em termos da verdadeira prática de dar e receber, a prática do *tonglen* é feita em conjunto com o processo de respiração — expiração e inspiração.

A palavra *secretamente* pode também indicar a necessidade de integridade da parte do praticante, de modo que a prática do *tonglen* seja feita de maneira discreta e que o praticante não se torne um exibicionista. Um verdadeiro praticante deve cultivar um treinamento espiritual como o *tonglen* com discrição. Em sua obra *Treinamento da mente em sete pontos*, o mestre Kadampa Geshe Chekawa afirma: "Nossos estados de espírito interiores e nossos pensamentos e emoções precisam ser radicalmente transformados e examinados, mas nossa aparência exterior deve permanecer a mesma." O que se quer dizer com isso é que é perigoso para os praticantes sucumbir à tentação de se mostrar. Algumas vezes o que acontece, especialmente nos dias de hoje, é que pessoas que só têm pouca experiência podem adotar uma postura de importância ou de espiritualidade, o que só faz tornar mais reles a verdadeira experiência de cada um. A prática genuína do treinamento da mente exige humildade e integridade.

A referência feita aqui a todos os seres como "minhas mães" sugere a prática de considerar todos os seres tão queridos quanto nossas próprias mães. De fato, nos ensinamentos budistas sobre o renascimento, diz-se que todos os seres sencientes já foram nossas mães — nos deram à luz, nos alimentaram e nos protegeram — e que devemos nos lembrar dessa gentileza, mesmo que alguém atualmente nos pareça prejudicial.

8. Possam eles não ser denegridos por esses conceitos
das oito preocupações mundanas
e, conscientes de que todas as coisas são ilusórias,
possam eles, sem limites, se libertar dos grilhões.

A primeira linha desse verso enfatiza a necessidade de garantir que a prática espiritual e o treinamento da mente não sejam poluídos por preocupações mundanas como a fama, a riqueza e o prazer. Isso é importante até mesmo para um professor espiritual. Por exemplo, quando me sento no trono e dou uma palestra, se em algum lugar do meu pensamento houver uma sensação de curiosidade — "Será que fui bem?", "O que as pessoas pensam da minha palestra?", "Será que estão satisfeitas com ela?", "Será que vão me elogiar?" —, isso vai poluir meu treinamento espiritual. Essas preocupações mundanas não devem obscurecer e poluir o verdadeiro treinamento espiritual de uma pessoa.

As duas últimas linhas do verso sublinham a necessidade de situar o treinamento da mente dentro de uma compreensão total da derradeira verdade, do vazio. Essas linhas afirmam que você deve desenvolver a consciência de que todas as coisas são ilusórias e, sem ganância, libertar-se da escravidão que elas trazem. Mas, antes de poder entender tudo em termos de sua natureza ilusória, você primeiro precisa negar a realidade substancial de tudo, incluindo seu próprio "si". Não há nenhuma possibilidade de perceber a natureza ilusória de tudo a não ser que você primeiro negue a realidade substancial da existência.

Como desenvolvemos essa compreensão? Não basta simplesmente imaginar que tudo é vazio e desprovido de existência substancial ou simplesmente repetir esse verso em nossa mente como uma fórmula. O que é necessário é um entendimento genuíno do vazio por meio de um processo racional de análise e reflexão.

Uma das maneiras mais eficazes e convincentes de entender como tudo é desprovido de realidade substancial é entender a interdependência, a procedência dependente de tudo. A singularidade do entendimento dessa procedência é que ela nos fornece a possibilidade de encontrar o caminho do meio entre, por um lado, o vazio completo e, por outro, uma existência substancial e interdependente. Por si só, a compreensão de que as coisas são interdependentes e sua procedência dependente sugere que as coisas são desprovidas de existência independente. E a idéia de que as coisas se originam em relação às outras através de uma matriz complexa de elementos de procedência dependente também nos protege do perigo de cair na visão oposta do niilismo — pensar que nada existe. Assim, ao encontrar esse verdadeiro caminho do meio, você pode chegar a um entendimento e a uma compreensão genuína do vazio.

Quando você encontra esse tipo de compreensão em sua meditação, quando interage com o mundo, com as pessoas e com os objetos à sua volta, surge em seu comprometimento com o mundo uma nova qualidade vinda de sua consciência da natureza ilusória da realidade. Essa nova maneira de estar no mundo nos dá uma certa liberdade com relação a preocupações estreitas e nos permite trabalhar com mais afinco em prol do bem-estar dos outros. Como tal, ela é uma base poderosa para viver a vida de compaixão.

Apêndice
Criando a Idéia de Iluminação

FALAMOS SOBRE A natureza da compaixão e sobre o procedimento para treinar a mente e cultivar a compaixão. Os versos especiais reproduzidos abaixo são recitados com o objetivo de gerar o *bodichita*, o desejo de libertar todos os seres conscientes do sofrimento. Ao recitar os versos, você deve tentar relembrar seu entendimento completo da compaixão e a necessidade de cultivá-la.

O primeiro verso é um refúgio formal. Aqueles dentre vocês que forem budistas praticantes busquem refúgio aqui. Os praticantes de religiões não-budistas — cristãos, judeus, muçulmanos e outros — podem buscar refúgio nas divindades de sua própria religião e usar essa fórmula como um modo de reafirmar sua fé nessa divindade.

O segundo verso trata da criação da mente da iluminação. E o terceiro realmente nos dá uma sensação de coragem e também de inspiração que nos ajuda a manter nosso comprometimento com os princípios altruístas. Ao recitar esses versos, você deve refletir sobre seu significado e cultivar a contemplação correta em sua mente.

Considero esses três versos muito poderosos. Se você concordar e se sentir à vontade com eles, deve pensar neles e recitá-los sempre que tiver tempo. Isso lhe dará alguma força interior, o que é muito valioso.

Com um desejo de libertar todos os seres
Sempre buscarei refúgio
no Buda, no Darma e no Sanga,
até alcançar a iluminação completa.

Inspirado pela sabedoria e compaixão
hoje na presença do Buda
crio a idéia do despertar total
em benefício de todos os seres sencientes.

Enquanto houver espaço,
enquanto houver seres sencientes,
até então, possa eu também permanecer
e dispersar as tristezas do mundo.

Este livro foi impresso na
RR DONELLEY AMÉRICA LATINA
Av. Tucunaré, 299 – Tamboré – Baruerí – SP